NOUVELLE MÉTHODE

POUR APPRENDRE ET ENSEIGNER

LA JURISPRUDENCE.

UZES, IMPRIMERIE TACHEOTYPE DE L. GEORGE.

NOUVELLE MÉTHODE

POUR

APPRENDRE ET ENSEIGNER

LA JURISPRUDENCE,

TRADUITE DE LEIBNITZ,

PAR

G. L. MAURIN, AVOCAT,

de la Société Royale des Sciences, Lettres et Arts d'Arras.

PARIS,

ALEX. MESNIER, Libraire,

NISMES,

POUCHON, Libraire,

éditeurs.

Mai 1830.

PRÉFACE.

La science a pour but éminent de contenter cette noble et ardente passion de tout savoir, et de tout comprendre, qui domine et agite l'esprit de l'homme. Elle est la plus haute expression de notre activité morale, et répond au besoin de saisir le vrai sous toutes ses faces et dans toutes ses nuances ; besoin, dont la cause dernière se perd dans les profonds mystères de l'existence.

Mais est-ce là tout pour elle? Non, sans doute. Le rôle de la science est incomplet, si elle n'est pas utile. Appaiser la soif de l'intelligence, c'est sans contredit, satisfaire à la plus impérieuse des nécessités. Mais cela ne suffit pas. La vie sociale réclame, à son tour, le profit qui doit rejaillir des conquêtes de la pensée; elle veut, elle exige des résultats pour elle-même.

La science du Droit, si grande et si

sublime dans son origine, n'aboutirait-elle à aucun bien réel pour la société? Hâtons-nous de le dire, et sans crainte d'être démenti, non, mille fois non. Plus que tout autre, au contraire, elle est appelée à servir l'ordre social, plus que tout autre, elle est appelée à montrer que la chaîne puissante dont l'homme reconnaît en lui le premier anneau, n'est point destinée à se briser en sortant de la conscience, mais à se prolonger jusques dans les rapports les plus éloignés du monde extérieur.

Ainsi, disons le sans préambule, elle pourra influer de deux manières sur la société, et si je puis m'exprimer ainsi, par voie de composition, et par voie d'interprétation légale.

En effet, elle enseignera au législateur d'une nation, qu'en quelque matière qu'il procède, il faut qu'il étudie avec exactitude le fond primitif et absolu, sur lequel il travaille et les modifications selon lesquelles réagissent sur ce fond les influences extérieures et locales ; elle lui enseignera encore qu'il ne doit pas négliger l'expérience des siècles passés, comme celle des nations contemporaines répandues sur la terre, qui quoique diverses de mœurs et de civilisation, peuvent offrir à ses méditations d'utiles exemples.

Quant à l'interprète de la loi, elle transmettra à celui qui viendra s'initier à ses leçons, la vraie théorie de l'art qu'il cultive. Ainsi elle lui apprendra d'abord, comme au législateur, que l'histoire et la philosophie sont les bases primitives desquelles il doit partir dans ses travaux exégétiques ; et par là elle le rendra maître de la conception première, qui a présidé à la formation de la loi, et qui est, ou une pensée politique et nationale, par conséquent du domaine historique, ou une de ces idées invariables dans leur abstraction pure, conséquemment du domaine philosophique. Puis, elle lui livrera ces procédés de détail, qui permettent d'arriver, par voie analytique, à la solution des difficultés spéciales, et de descendre jusques dans les nuances les plus fugitives et les plus délicates du texte.

C'est, il n'en faut pas douter, à des études conçues sur un pareil plan, que les Jurisconsultes romains durent cette logique puissante, qui faisait dire à Leibnitz, qu'il ne connaissait de comparable à l'art profond et rigoureux de leurs déductions, que la géométrie et les mathématiques. Car, si un examen approfondi des monuments de leurs travaux juridiques, qui nous restent, ne nous attestaient pas combien la connaissance de la philosophie et des institutions politiques de leur pays leur était familière, combien cette double instruction pénétrait à fond dans leur existence morale, l'histoire nous révélerait encore par quelles fortes et substantielles préparations, par quelles initiations philosophiques, par quelles études de politique et de mœurs nationales ils préludaient aux leçons de la Jurisprudence.

Du monde des idées et d'un exemple choisi dans les actes du passé, venons aux faits contemporains, et voyons où en est, de notre temps, la culture scientifique du droit.

Les hautes études juridiques sont depuis quelques années cultivées avec ardeur et succès en Allemagne.

Deux écoles rivales s'y disputent l'empire. Dans les rangs de l'une se placent M. Hugo, qui, dans son histoire du droit romain, a si heureusement mêlé le récit des événements politiques à l'exposition des textes, M. Eichorn, qui a suivi le même plan dans son histoire du droit Germanique, M. Mittermaier, qui, soit dans ses écrits sur le même sujet, soit dans ses travaux sur le droit criminel, a fait un si habile usage de la méthode comparative, M. de Savigny, dont l'histoire du droit romain au moyen-âge, est le chef-d'œuvre de la méthode analytyque appliquée à l'histoire du droit, M. Nieburh, de qui les recherches sur les antiquités du droit romain ont un si curieux caractère d'originalité, etc., etc. Dans les rangs de l'autre, sont MM. Hegel, Ganz (1), M. de Grolman, qui, cherchant les bases philosophiques du système pénal, les trouve dans la prévention par la terreur, mais qui regarde celle-ci comme ayant pour objet principal l'individu et secondairement la société; M. de Feuerbach, qui, tout en

(1) Voyez les analyses de leurs systèmes, dans l'ouvrage : introduction à l'Histoire du Droit, ouvrage qui m'a été infiniment utile dans le cours de cet écrit, je me plais à le reconnaître. Nous regrettons seulement que son auteur, M. Lerminier, n'ait pas cru devoir parler avec détails, de MM. Eichorn, Mittermaier, Feuerbach, Grolman, Zachariæ.

marchant dans les mêmes voies, soutient au contraire, qu'elle a pour seul et unique objet la société, parce qu'on ne peut avoir le droit d'infliger une peine, sur cela que le coupable pourrait commettre une seconde faute; enfin, M. Zachariæ, qui rejette la prévention par la terreur, et appuye la loi pénale sur le sentiment moral, cherchant à inspirer non la crainte, mais l'horreur pour le crime, etc., etc.

Voilà, dans une courte esquisse, ou en est l'Allemagne. La France serait-elle moins favorisée qu'elle ?

Il faut le dire, depuis la révolution et jusqu'à ce dernier temps, le droit n'avait guère été qu'un objet de pratique et d'affaire, soit qu'une espèce de fatigue ou de méfiance des théories eut été engendrée par les souvenirs d'un passé sanglant, dont on faisait peser sur elles toute la responsabilité, soit que le régime impérial nous eut habitués à ne voir dans le droit qu'une pure source à règlements, à laquelle puisait le pouvoir au gré de ses besoins ou de ses caprices.

Tout est déjà bien changé depuis quelque temps, non sans doute que nous puissions lutter avec avantage contre ces Jurisconsultes Allemands, dont l'érudition est si vaste, les spéculations si puissantes, non que le goût de la science soit universellement répandu dans les rangs du Palais et de l'école, mais du-moins se manifeste une tendance qui mérite une sérieuse attention par la vive sympathie qu'elle inspire et les résultats qu'elle fait espérer.

C'est ainsi que nous avons vu naître cette publication si intéressante de la *Thémis*, où l'histoire du droit, et une théorie philosophique fort contestable, mais enfin une théorie philosophique ont trouvé d'habiles interprètes. C'est ainsi qu'un savant auteur écrivant pour les praticiens, M. Toullier n'a pas craint de rechercher les fondements nécessaires des matières juridiques qu'il traite, et n'a pas, dans cette partie de son travail, dédaigné l'autorité d'un disciple de Leibnitz. C'est ainsi qu'un professeur de la faculté de Poitiers, par une innovation très heureuse, a conçu le plan, comme on l'a remarqué avant nous, non d'un traité à la manière de Pigeau, mais d'une théorie de la procédure, et a consacré à son introduction tout un volume, pensant, avec juste raison, que c'était là la pierre de fondement de son œuvre future.

Toujours dans le même sens, mais avec un caractère plus large et plus décidément scientifique, ont paru *l'introduction à l'histoire du droit* de M. Lerminier, ouvrage où sous une forme rapide et dramatique, la théorie la plus complète s'allie à l'exposition des destinées successives du droit, depuis la renovation des études juridiques jusques à nos jours; *le traité de droit pénal* de M. Rossi, où les principes d'une si importante matière sont rigoureseument déduits des lois de la nature morale. Nous mettrons encore sur la même ligne, l'article si vrai et si profond de M. le duc de Broglie, sur le système pénal, article inséré dans le premier meilleur de nos recueils périodiques, la Revue française.

Enfin, quelques traductions d'ouvrages appartenant à l'école historique Allemande, secondent déjà ou vont bientôt seconder les brillantes tentatives que nous venons d'énumérer. Ainsi, l'histoire du droit romain d'Hugo, a été traduite; l'histoire romaine de M. Nieburh l'est en partie, et la traduction de *l'histoire du droit romain au moyen-âge* de M. de Savigny, est promise à la France.

Espérons que le dix-neuvième siècle, dont

les débuts sont si brillants, verra s'achever, parmi nous, l'œuvre de régénération des études juridiques; espérons que la science du droit, dont les destins sont loin d'être fixés malgré de grands et imposants travaux, devra à notre pays la gloire de son avenir. Pourrions nous ne pas l'attendre, alors que la philosophie semble prendre sa forme complète et définitive à la voix d'un éloquent professeur, alors que les études historiques paraissent se retremper aux investigations savantes, à l'analyse si profonde et si exacte d'un écrivain assez illustre pour n'avoir pas besoin d'être nommé.

Mais ce n'est pas lorsque commence une ère nouvelle pour le droit, qu'on peut sur le champ réclamer les avantages sociaux qui doivent résulter de ce changement. Il faut une suite de travaux conçus et entrepris dans le même but, et une pratique scientifique, qu'on ne peut d'ailleurs attendre que du temps : car les hommes et les choses ne vont point à pas de géant.

Que cependant, la Jurisprudence (nous ne voulons pas nous occuper ici de la législation) ait besoin parmi nous d'une réforme, c'est un fait qui ne saurait être contesté. On ne peut disconvenir qu'il ne règne, dans les décisions de nos tribunaux, une incertitude affligeante. Qu'on nous permette de le dire, rien n'y est stable, l'édifice péniblement construit la veille, est renversé le lendemain au moindre souffle ; et l'interprétation légale sans unité fixe, et sans base réelle, flotte presque toujours au gré d'une variété mobile et capricieuse.

Quod petiit spernit, repetit quod nuper omisit.

La cause du mal est, il n'en faut pas douter, dans le défaut de profondeur des études juridiques et dans l'abus de la jurisprudence des arrêts.

Il n'en sera pas de même, quand pour

résoudre un cas particulier, au lieu d'emprunter un vague et facile argument à une décision déjà rendue, et au lieu de feuilleter, dans un accès de paresseuse faiblesse, un recueil judiciaire, vrai dédale où l'esprit se perd, on s'attachera à une élaboration exacte et approfondie des textes.

Alors s'établira un centre de doctrines, vers lequel convergeront, comme autant de rayons, toutes les espèces qui sont aujourd'hui de graves sujets de débat; alors, par une réaction légitime, la Jurisprudence des Cours de justice, cessera d'être aussi confuse et divisée.

L'ouvrage dont nous avons essayé la traduction, nous a semblé propre à guider le Jurisconsulte dans cette voie d'amélioration. C'est une méthode d'enseignement; c'est donc un régulateur de la marche qu'il doit suivre dans ses études, et la portée d'esprit de

Leibnitz nous est un sûr garant que ce n'est pas un pur travail de routine.

On nous dira peut-être, que cette théorie d'une autre époque, est sans application aujourd'hui; que c'est une lettre morte, un emblême dont les chiffres, effacés par le temps, se refusent à d'autres explications qu'à celles de l'histoire. Ce serait là une grave erreur.

La *Nova methodus*, n'a pas, il s'en faut, une valeur purement historique, et quoique elle date d'une époque déjà éloignée de la nôtre, quoique préméditée sous l'empire de circonstances intellectuelles, sociales et locales, qui nous sont étrangères, quoique enfin jugée fort sévèrement par Leibnitz comme une composition de jeunesse, elle est de nature à trouver place au milieu du mouvement scientifique qui se fait sentir aujourd'hui. Nous n'en voulons, pour preuve, que la riche érudition qui y est déployée, l'art de l'auteur à tracer les cadres de toutes les questions, à dessiner tous les groupes, et mieux encore la manière achevée dont il a traité quelques parties, qui depuis lui sont demeurées à l'épreuve de toute variation, garantie certaine, qu'en l'état où il les a laissées, elles sont le dernier terme, le point culminant de la science (1).

Nous ne nierons point qu'il ne soit, dans cet ouvrage, des idées et des faits qui ne sont plus de notre temps, dont le règne et

(1) Wolf résume ainsi son opinion sur la Nova Methodus, dans la préface de l'édition qu'il en a publiée : Ceterùm etsi præsens libellus a Leibnitio juvene fuerit conscriptus, et quamvis ipse in nonnullis, quæ rem ipsam non contingunt, mutaverit posteà sententiam suam ; hoc tamen non obstante in illo reperient etiam seniores jurisconsulti, quibus eorum conatus in perficiendâ jurisprudentiâ juvari poterunt, et ipsum hoc opusculum monumentum excelsi ingenii est, quo inter primi ordinis eruditos eminet Leibnitius. Faxit deus ut publica utilitas, quam se quæsivisse in fine profitetur autor promoveatur !

l'utilité pratique sont passés à jamais, et qui n'ont pour nous, peut être, qu'un simple attrait de curiosité. Mais certes, le moment serait mal choisi pour en faire un objet de proscription.

On le sait, l'esprit de notre temps n'est pas cet esprit de mépris superbe et d'intolérance despotique pour les siècles écoulés, qui ne fut que trop le partage de son devancier. Une vue moins dédaigneuse et plus vraie, préside aux travaux de nos écrivains et pénètre jusques dans les mœurs et les habitudes de la vie sociale. On sait faire la part du présent et celle de l'avenir, sans être injuste envers le passé. Bien plus, on se plaît à compter ce que nous devons à ses efforts; on se plaît à reconnaître, dans la succession des siècles, la part pour laquelle chacun d'eux a concouru dans la division du travail, dont la tâche commune est assignée à l'humanité, et l'on aime à contempler ces vestiges de pensées et d'institutions que la main du temps a balayées devant elles. Que dis-je, les annales du passé n'ont-elles pas aussi d'enseignement à fournir au présent, et comprend-on parfaitement celui-ci, si on le considère dans sa sphère abstraite et isolée, sans l'intelligence des liens qui l'unissent à ce qui fut avant lui?

Mais si la *Nova methodus*, malgré les révolutions morales, qui se sont accomplies depuis qu'elle est sortie de la plume de son auteur, a, indépendamment de sa valeur réelle pour l'histoire du droit, une valeur permanente sous le rapport de la science, elle pourra, par conséquent, féconder le champ de la pratique, et c'est ce qu'il est facile de démontrer en peu de mots. Toutefois, présentons une vue sommaire de l'ouvage, avant d'en faire ressortir les résultats d'application.

Leibnitz commence par diviser la Jurisprudence en quatre parties principales, qui sont : les *Eléments*, *l'Histoire*, *l'Exégèse*, et la *Polémique*.

Dans les *Eléments*, qui comprennent les *définitions* et les *règles* ou préceptes, la question de la classification des lois est sérieusement abordée. Notre auteur adresse des critiques très-vives à l'ordre des *Institutes* de Justinien, et l'on ne peut, il nous semble, s'empêcher d'avouer qu'elles ne soient très-fondées. Cet ordre n'est en effet nullement scientifique, il n'est, en aucune manière, basé sur la nature des choses. M. de Savigny, dans son écrit de la vocation de notre siècle pour la Jurisprudence, a renouvelé cette Polémique contre le plan de notre Code, qui, comme on sait, repose sur les mêmes fondements que celui des *Institutes*. La division proposée par Leibnitz, qui consiste à prendre pour base les causes productrices de droits et d'obligations, mérite-t-elle d'être adoptée à sa place ? Serait-elle plus difficile que l'autre pour le classement des matières ? Une telle question vaudrait la peine d'être examinée avec soin. Quoiqu'il en soit, on ne peut disconvenir que la méthode de notre auteur, ne soit une méthode naturelle et rationelle, puisqu'elle est assise sur le fait primitif et générateur du droit. L'auteur d'une préface des œuvres Juridiques de Leibnitz, la trouve fort peu commode en ce qu'elle séparerait des choses, qui, à cause de leurs rapports, se prêtent une mutuelle lumière et en associerait d'autres de nature entièrement dissemblable. Cette opinion mériterait, à cause de l'importance de la matière, plus de développements qu'elle n'en a reçu, à ce qu'il nous semble.

L'histoire qui suit les éléments, se divise en *interne* et *externe*. L'histoire *interne* a pour objet les législations des peuples divers; *l'externe*, les événements qui se sont passés chez une nation, et ont pu influer sur le code de ses lois. Il faut voir les études détaillées que prescrit Leibnitz à ce sujet. Elles sont immenses et supposent la plus vaste lecture, et la plus étonnante mémoire : car, il a composé cet ouvrage presque sans livres, et nous l'avons tel qu'il sortit primitivement de ses mains.

L'exégèse ou l'interprétation est par lui subdivisée en *Philologie* et *Commentaire*. La première embrasse l'étude spéciale et isolée des sources auxquelles puise l'interprète, l'autre est la mise en œuvre de l'interprétation. C'est, sans contredit, le morceau le plus achevé de tout l'ouvrage que cette partie du travail de notre auteur. C'est là que se trouvent accumulés les plus riches et les plus féconds sujets d'étude. Sont classées dans la philologie, la grammaire, la didactique, la rhétorique, l'histoire légale, l'éthique-politique, la logique-métaphysique, la physique légale. On le voit, c'est la théorie abstraite, l'idéal en quelque sorte de l'interprétation. Le commentaire est l'application des doctrines de la Philologie aux faits nombreux et divers de la Jurisprudence. Ici Leibnitz parcourt des divisions exégétiques, telles que la *Série des lois*, *la Somme*, *les Paratitles*, qui ne sont plus usitées aujourd'hui parmi nous. Puis il arrive à l'interprétation qui accompagne le texte et qui se divise en réelle et textuelle, et il pose, comme bases de cette dernière, la paraphrase et l'analyse, laquelle se subdivise en analyse grammaticale, rhétorique et logique. Les règles particulières à la paraphrase et à l'analyse, sont décomposées et distinguées avec un art infini de détails.

La Polémique, qui complète l'ensemble du droit, renferme en elle deux parties : l'une qui traite des *sources de décider*, l'autre des *règles propres à la rédaction en corps d'ouvrage des décisions.* Les sources de décider sont l'analogie, le droit naturel et le principe social. Leibnitz entre, à cette occasion, dans la question des bases du droit naturel, et il trouve qu'on peut les rapporter à trois chefs, qui sont le droit *étroit*, *l'Equité* et la *Piété*, auxquels il ramène les divisions connues d'Ulpien. Quant au principe social, il embrasse le bonheur des individus comme *objet*, et la conservation du gouvernement comme *forme*. Notre auteur blame les abus de l'analogie, dont il recommande néanmoins l'usage, mais en le soumettant à certaines conditions qui assurent sa légitimité.

De là, passant aux collections de décisions, il les divise en *abrégées* et *étendues*. La partie consacrée au Répertoire, est traitée surtout avec beaucoup de soin, et si on trouve la position des questions qu'il résout un peu scolastique, on ne pourra du-moins s'empêcher d'avouer que tout ce qui se rapporte à leur rédaction, ne soit réglé avec une exactitude et une étendue de vues peu commune. De là il arrive au traité des Pandectes, qui sera le recueil auquel sera donnée la sanction légale, et qui doit être composé d'après les matériaux recueillis dans le Répertoire, lequel en est comme la pierre d'attente.

Telle est, en raccourci, la *Nova methodus*.

Nous n'avons présenté que les sommités de cet ouvrage; nous n'avons pû, par conséquent faire ressortir que le mérite des idées générales. Si nous eussions voulu nous arrêter aux détails, nous n'aurions pas manqué de sujets d'instruction et d'intérêt, soit sous le rapport des idées secondaires, soit sous celui des citations infinies d'auteurs et d'ouvrages, qui font de cet écrit un monument de la plus haute et de la plus riche érudition : car sous chaque question un peu importante , on trouve une revue complète des auteurs qui l'ont traitée. Quand on songe que tant de savoir et de génie, sont le partage d'un jeune homme de vingt-un ans, il y a de quoi être confondu d'admiration pour ces hautes intelligences, qui, tout en résumant leur siècle, sont le levier puissant qui le fait avancer dans la carrière de la civilisation.

Maintenant que nous avons dessiné les principaux contours de l'ouvrage , nous pouvons nous faire une idée de ses avantages pratiques. Il en est de plus d'une sorte. Le législateur ne recueillira-t-il pas d'utiles leçons dans les conseils que donne Leibnitz sur la théorie de la classification légale, de la division des matières à renfermer dans les éléments, ainsi que sur l'étude des monuments législatifs des autres nations. L'interprète de la loi, en outre de celles-ci qui lui sont communes, mais néanmoins dans un but différent, n'en puisera-t-il pas également dans la vaste circonscription d'études que notre auteur trace pour lui, et qui comprend la réunion la plus complète des règles propres à éclaircir les difficultés des textes ? C'est, en effet, en acquerrant les connaissances étendues et solides qu'il exige, qu'on ne vacillera pas tant dans l'élucidation de la loi, et que son explication, au lieu d'être abandonnée aux hasards d'une flottante Jurisprudence, viendra se soumettre à un cours régulier de principes. Ainsi, au lieu de se mettre à l'œuvre de l'interprétation sans doctrines arrêtées qui en règlent l'exercice, et sans autre boussole que l'instinct souvent trompeur d'un aveugle *sens commun*, on épuisera tour-à-tour sur les textes, soit isolément, soit simultanément, les théories fécondes de l'expérience scientifique. Par là, le magistrat, le professeur, l'avocat et le Jurisconsulte, livrés à la composition doctrinale, parviendront à une force de logique, qui ne sera pas l'art de trouver des arguments, mais celui de trouver la vérité; et la polémique, dont l'exégèse est l'avant-courrière, verra, grâces à elle, s'ouvrir une carrière plus facile à parcourir. Les idées de Leibnitz sur la Polémique, ne seront pas méditées avec moins de fruit. Qu'on voie d'abord, si ce qu'il dit sur les analogies précipitées, paraît dépourvu de toute application positive, aujourd'hui surtout, que nous en avons si souvent les abus sous les yeux. Est-il possible d'ajouter quelque chose à son indication des sources de toute décision qui ne saurait se déduire d'un texte de droit positif? Sans doute, on pourra varier avec lui sur sa théorie du droit naturel, sans doute on pourra reprendre la méthode qu'il a employée pour la démontrer; mais on n'hésitera pas à adopter sa position des questions fondamentales, et souvenons-nous qu'ainsi qu'on l'a dit, une question bien posée est à demi résolue. Ses travaux à cet égard, seront donc comme un phare lumineux qui éclairera la Polémique, qu'il n'a pas tort d'appeler un Océan dans l'état des choses. Quant aux conseils qu'il donne sur le mode selon lequel doivent être rédigées les collections des décisions, il est presque superflu d'ajouter qu'ils ne peuvent qu'être utilement suivis, tant pour les recueils qu'il désigne sous le nom de répertoire, que pour le vaste traité de Pandectes, qui doit paraître sous les auspices de l'autorité publique.

Jusqu'à présent, nous n'avons guère mis en saillie que le point de vue permanent; celui par lequel la *Nova methodus* peut servir la science. Pour être fidèle à la méthode philosophique de notre époque, et aux principes que nous avons d'ailleurs nous-même développés plus haut, présentons un relevé rapide de la partie qui n'est purement qu'historique, de celle qui a fait son temps, selon une expression consacrée. Nous rapporterons, à celle-ci, tout ce qui tient aux assimilations fréquentes que fait notre auteur de la Jurisprudence à la théologie, aux citations nombreuses d'écrivains appartenant à cette dernière science; les faits et exemples multipliés qu'il puise dans des législations qui nous sont étrangères aujourd'hui, comme le droit canonique, le droit des fiefs, le droit saxon, etc., etc.; les divisions d'exégèse (ce que nous avons dejà fait observer) connues sous le nom de *série des lois*, *somme*, *paratitles*. Nous rapporterons encore à elle, les locutions scolastiques dont est hérissé le style de la *Nova methodus*, et qui nuisent quelquefois à la clarté des idées, la théorie de droit naturel, qui y est exposée, et qui semble impliquer un retour vers la théologie, enfin quelques doctrines qui ne sont applicables qu'à la loi romaine, etc.

Sur le point de terminer cette préface, qu'on nous permette un mot sur notre traduction.

On nous reprochera, peut-être, d'avoir traduit littéralement; mais si c'est là une faute, c'est, nous le confessons, une faute dont nous nous sommes volontairement rendus coupables. Nous avons cru devoir en agir ainsi, pour ne pas affaiblir le point de vue historique, que nous avons eu à cœur de reproduire dans toute sa vérité; et il nous a semblé, en effet, que pour être fidèle à ce point de vue, nous ne devions pas chercher à colorer et à modifier un système de langage, qui, pour être accommodé à notre temps, eut nécessité une refonte totale, laquelle nous eut entraîné à dénaturer la physionomie véritable des idées qu'il représente

Enfin, nous avons éliminé la première partie de l'ouvrage qui traite de l'éducation en général, et les dix derniers paragraphes relatifs à la fixation et à l'emploi du temps dans les études juridiques, choses qui n'ont évidemment aucun rapport avec le but que nous nous sommes proposé.

Telles sont les proportions que nous avons données à notre travail, et telle est la pensée qui nous a dirigé en l'exécutant.

Heureux, si dans un moment où tout incline vers la science, cette paisible réformatrice qui ne s'attaque qu'aux intelligences et marche à l'empire sans escorte de glaives homicides, cet opuscule d'un autre âge, n'est pas répudié par elle; heureux, si en concevant l'idée de cette traduction, dont les difficultés ne peuvent bien se comprendre qu'après avoir eu à lutter contre la Phraséologie germano-latine de Leibnitz et sa concision d'idées qui fuit, pour ainsi dire, la parole, nous ne nous sommes pas bercés d'une illusion mensongère, en pensant que la science et la pratique avaient, indépendamment de l'histoire, tout à gagner à cette publication.

Nota. Quelques fautes s'étant glissées dans le cours de l'impression, l'auteur n'ayant pu lire les épreuves, il prie le lecteur de vouloir bien recourir à l'*Errata*, alors que le besoin s'en fera sentir.

NOUVELLE MÉTHODE

POUR

APPRENDRE ET ENSEIGNER

LA JURISPRUDENCE.

LA Jurisprudence a pour objet le droit, dans ses rapports avec les cas ou faits particuliers.

Celui qui veut écrire sur la méthode de son enseignement, doit tracer une vue complète des perfections du jurisconsulte, et ne rien négliger de ce qui peut servir à ce but, comme a fait Cicéron, dans son ouvrage *de oratore*.

A l'exemple de la théologie, la Jurisprudence peut se diviser en *didactique* ou partie positive, comprenant tout ce qui est textuellement écrit dans les livres authentiques et de droit certain; en *historique*, renfermant l'origine des lois, les noms de leurs auteurs, les mutations et abrogations qu'elles ont subies ; en *exégétique*, embrassant l'interprétation des livres authentiques, et enfin en cette partie de la science qui est le couronnement de toutes les autres : *la polémique*, qui traite de la décision des cas douteux d'après les lois de la raison et les règles de l'analogie.

La *didactique* et la *polémique* constituent, à proprement parler, la Jurisprudence; *l'historique* et *l'exégétique* sont seulement choses qu'il est bon de savoir. Celles-ci sont la théorie du droit ; celles-là en sont la pratique. L'homme d'affaires en sait assez, sans doute, s'il peut, dans telle espèce particulière, décider le point de droit : ce qu'il pourra faire, il est vrai, par la pratique seule, et même sans aucune connaissance préalable de la langue latine ; néanmoins, non sans quelque difficulté et du reste fort inutilement : car si quelqu'un vient à nier ses propositions, il ne pourra les démontrer ni d'après l'histoire, ni d'après le texte original ; d'où il méritera plutôt le nom d'un *empi-*

rique, que celui d'un jurisconsulte philosophe.

C'est avec raison, que nous avons emprunté à la théologie, notre distribution de matières, car il y a entr'elle et la jurisprudence une merveilleuse similitude. L'une et l'autre, en effet, ont également pour origine : 1° *la raison*, d'où dérive la théologie naturelle (sur laquelle ont écrit Raymond de Sebonde (1) et Théophile Raynaud (2)) et le droit naturel (qui a été l'objet des travaux de Grotius, de Hobbes et d'une foule d'autres dont il sera question plus tard); 2° *l'écriture* ou le livre authentique, contenant les lois positives, réglant d'ici les rapports de l'homme avec la divinité, de là les rapports des hommes entr'eux. Mais c'est à tort que quelques-uns ont voulu comparer la médecine, la philosophie et les mathémati-

(1) *Theologia naturalis seu liber creaturarum*, tel est le titre de l'ouvrage *de Sebonde*, qui est divisé en 330 chapitres. Montaigne l'a traduit en français.

(2) Jésuite du dix-septième siècle. Il est surtout

ques à notre science : car Hippocrate, Gallien et Aristote ont été souvent convaincus d'erreur, et quant à Euclide, on ne le croit pas, parce qu'il affirme, mais parce qu'il prouve, ce qui est un peu différent dans les lois divines et humaines, où la volonté du maître tient lieu de raison.

Il n'est pas étonnant que ce que l'on trouve dans la Jurisprudence, se rencontre aussi dans la théologie, parce que la théologie est une espèce de Jurisprudence prise d'une manière universelle. En effet, elle traite du droit et des lois qui régissent l'état, ou plutôt elle traite de l'empire de Dieu sur les hommes, sa partie morale comprenant le droit privé, et l'autre le droit public. Rappelant ici ce que nous avons dit dans notre *art combinatoire*, les infidèles peuvent être assimilés à des sujets rebelles; l'église à des sujets fidèles, les *personnes ecclé-*

connu par le nombre de ses productions, et l'ardeur de ses démélés théologiques.

siastiques (1) et les abbés des monastères (2), à des ministres et à des fonctionnaires d'un ordre inférieur, l'excommunication au ban (3); la doctrine de l'écriture sainte et de la parole divine aux lois et à leur interprétation, ce qui concerne les canons des livres saints au texte authentique des lois, les péchés capitaux aux plus graves délits commis au préjudice de la société; le jugement dernier et le sacrifice ex-

(1) *Personnæ ecclesiasticæ*, ce sont des clercs qui obtiennent des bénéfices dont ils recueillent les fruits et donnent les charges à des vicaires. Du[illegible] (Glossaire, V° Pesona.) cite le texte d'une ordonnance de Philippe-le-Bel, rendue en l'année 1294, où se trouve ce passage : nul clerc, s'il n'est prélat ou établi en *personnage*, etc., etc.

(2) *Magistratus*, terme du texte a, dans la basse latinité, le sens dans lequel nous l'avons pris ici. (V. les Annales des Bénédictins, p. 655.

(3) Chez les Germains, la paix de chaque citoyen était garantie par un *bannum*; et celui qui était exclu de cette paix, qui n'était pas compris sous le ban du Roi, qui était séparé ou excommunié de l[a] communauté civile s'appelait *forbannitus*..... L[e] *for-*

piatoire du Christ, à un procès qui est à son terme, et à l'acquittement d'une dette par un tiers; la rémission des péchés au droit de grâce, la damnation éternelle à la peine capitale, ou ce qui revient au même à l'emprisonnement perpétuel. En un mot, la théologie a une liaison si intime avec la Jurisprudence, qu'il n'est pas jusqu'à des milliers de faits que nous ne puissions citer pour le démontrer. Ainsi, combien de fois n'est-il pas question de testament, d'hérédité, de servitude et d'adoption chez le disciple Paul? N'est-ce pas dans l'explication du *testament* qu'est une grande partie de la controverse qui existe entre les théologiens

bannitus répondaient à l'idée de ce que les Romains appelaient *exlex* et les Anglais *outlaw'd*, ce qu'on a rendu en français par *hors de la loi*. Privé de tous les secours que la nature humaine exige *aquâ et igni interdictus*, il était obligé de quitter sa patrie, il était banni, exclu de tous les moyens de pourvoir à sa subsistance ; il ne lui restait que de devenir *bandit* sur terre et *forban* sur mer. (Méyer. Institutions judiciaires, tome 1, page 49.)

réformés, et ceux de la confession d'Ausbourg, sur la cène. C'est très-certainement parce que Faustus Socin (1) a passé de l'étude de la Jurisprudence à celle de la théologie, qu'il a suscité de si étonnantes difficultés à tous ses adversaires, et qu'il n'a pu être mieux réfuté que par cet homme qui avait simultanément embrassé la Jurisprudence et la théologie, par cet incomparable Grotius, dans son livre de *satisfactione Christi*.

Zimmerman (2), dans une dissertation spéciale, a recueilli tous les insidieux emplois que faisaient les disciples de Socin du terme de droit, *l'acceptilation*. Les frères Walembourg ont recherché si, en matière de foi, la prescription pouvait avoir quelque autorité, et le cas y échéant, quelles étaient les limites de son

(1) C'est le chef de la Secte religieuse connue sous le nom de Socinianisme.

(2) Né en 1625, dans la Hongrie et mort en 1689. Pasteur d'une église de Saxe, il a laissé plusieurs morceaux de critique et d'histoire sacrées.

exercice. Hulseman (1) théologien de la confession d'Ausbourg, dans un traité particulier sur la *prescription*, a examiné la chose sous un autre point de vue. En peu de mots, il est une si abondante moisson de controverses juridiques dans la théologie, que parmi les écrits de *Dorschée* (2), se trouve un ouvrage sous le titre de *jurisprudence théologique*.

Ce n'est pas à tort que l'on donnera le nom d'*Élémens* à la *jurisprudence didactique*, à l'imitation des Élémens d'Euclide, à qui cette dénomination a été empruntée par Hobbes, dans ses *Elementa de cive et corpore*, et par Puffendorf et Jn de Felde (3), dans leurs *Elementa Jurisprudentiæ*. Deux choses concou-

(1) Né en 1602 dans la Frise, il est mort en 1661, surintendant des églises de Leipsic.

(2) Né à Strasbourg en 1597, il est mort en 1654 à Rostock, professeur en théologie. Il a laissé une foule d'écrits théologiques.

(3) Professeur de mathématiques à l'Académie d'Helmstadt, qui vivait dans le dix-septième siècle.

rent à former les élémens, à savoir l'explication des termes ou *les définitions*, à quoi s'applique le titre *de Verb. Sig.* et les propositions ou *préceptes* auxquelles se rapporte le titre de *Reg. Juris.*

Les définitions ou l'explication des termes de droit, doivent être comprises sans mêlange d'aucuns préceptes ou règles, dans un livre spécial auquel on donnera le nom de *partitions du droit.* Il n'est pas nécessaire d'adopter, pour ce travail, l'ordre alphabétique; mais seulement d'user d'une méthode à la fois solide et exacte. Il est étonnant, comme par l'effet d'une méthode solide et naturelle, une chose explique l'autre, et comme la mémoire se trouve ainsi soulagée. Pour cela, rien de plus commode que des tables par le secours desquelles on peut d'abord prendre une vue générale de la science, comme dans une Mappemonde on saisit les points généraux de la géographie, avant d'en venir à une connaissance détaillée de chaque pays. Ces tables inconnues aux anciens, ont été, pour la première fois, mises en honneur par Pierre Ramus et ses disciples. Théodore Zwinger, dans ses écrits d'Éthique et de Politique, s'en est habilement servi, ainsi que J. Th. Freig (1) dans ses ouvrages de droit. Une foule innombrable d'autres écrivains les ont imités, mais ils ont à peine approché de la méthode naturelle que nous avons en vue : car, comme l'a très-justement reproché Bacon à Pierre Ramus et aux Ramistes, préoccupés de l'idée de tout diviser en deux parties égales, ils rétrécissaient plus qu'ils n'embrassaient la substance des choses, de telle sorte qu'elle leur échappait ou se refusait à d'inutiles classifications, fondées sur de trop fugitives nuances.

Mais comme l'enseignement de la jurisprudence comprend l'ordre dans lequel ses diverses parties doivent être distribuées, voyons

(1) Freig (Thomas) Jurisconsulte du seizième siècle, fut élève du philosophe Ramus, déjà cité par Leibnitz, et qui, comme on sait, fut l'auteur de la première réaction contre Aristote. Freig a laissé une *logica Jurisconsultorum*.

les essais qui ont été faits à ce sujet. Ce n'est pas une innovation que de vouloir faire une chose pareille, car nous voyons que Cicéron agita semblable entreprise en présence de Gellius. Ce fut aussi un sujet d'étude de la part des Jurisconsultes anciens. Mais comme leurs écrits véritables ont été mutilés et déchirés (1), il ne nous est possible que de deviner quelque chose de la méthode qu'ils ont suivie, par les titres et inscriptions des lois de Justinien. Tribonien a adopté, pour les Institutes, une autre méthode que pour le digeste et le Code. En effet, il a établi, dans les Institutes, trois divisions fondamentales : les *personnes*, les *choses*, les *actions*. A la première division, il a rattaché la *puissance paternelle*, la *puissance du maître sur ses esclaves*, le mariage, la tutelle, la curatelle ; en un mot, tout ce qui

(1) On voit que Leibnitz adopte l'opinion que l'auteur des Pandectes avait fait disparaître les monuments primitifs, où il a puisé les élémens de son ouvrage. L'histoire dément une imputation aussi injurieuse pour lui.

concerne le pouvoir immédiat sur les personnes, sans qu'il s'agisse aucunement des choses. La deuxième division comprend *l'intervention des choses*. Cette intervention est *principale*, comme lorsqu'il s'agit d'une chose certaine, laquelle est obligée elle-même, partout où elle peut être, sans qu'il y ait une obligation personnelle connexe. On l'appelle droit sur la chose qui se subdivise en *droit entrevifs*, d'où naissent la propriété, la servitude, l'usufruit, l'usage, l'habitation; et *en droit par voie de succession*, d'où découlent *l'hérédité ab intestat*, l'hérédité testamentaire, le legs, le fidéicommis, etc., etc. L'intervention des choses est moins *principale*, alors que ce n'est pas une chose, mais une personne certaine qui est tenue de quelque obligation, d'où le droit *à la chose*, qui se subdivise en droit provenant d'un contrat, d'un quasi-contrat, d'un délit ou d'un quasi-délit. A la troisième division, qui renferme les actions, se rapportent les *exceptions*, les *répliques* (replicationes), les *interdits*, la *peine à infliger à ceux qui plaident mal à pro-*

pos, et *enfin ce qui regarde l'office du Juge.* Dans le digeste et dans le Code, Tribonien a recueilli les actions pures et simples suivant l'ordre de l'édit perpétuel, après avoir préalablement consacré deux titres l'un aux choses et l'autre aux personnes (1).

Les jurisconsultes du moyen âge ne se sont pas occupés de la rédaction méthodique du droit, pensant que c'était assez d'écraser les lois sous le poids des commentaires, et les juges sous celui des conseils. De même que les théologiens de cette époque ne juraient que par Thomas; les philosophes, par Aristote; eux ne juraient à leur tour que par le *Corpus*

(1) On sait que Tribonien a supprimé, dans le Digeste, toute jurisprudence primitive et qu'il n'a puisé qu'aux écrits des Jurisconsultes qui avaient vécu sous les empereurs, tronquant leurs ouvrages et associant des opinions souvent contradictoires. Cujas a tenté de séparer ce que Tribonien avait confondu, et la conception de cette idée comme son exécution, est son plus beau titre de gloire. L'ordre suivi dans le Digeste, est pris de l'*édit* ou du Droit Prétorien.

Juris. Bien plus, il me semble qu'ils ont eu cette idée, qu'il fallait toujours user de la méthode qui y règne, comme s'il exerçait de l'empire sur la logique; et dans ce siècle éclairé, cette pensée a souri à plus d'un homme de mérite. Égide Mommerius, dans sa dissertation *de Studio Juris*, nie qu'il puisse y avoir au monde d'autre méthode que celle des lois de Justinien, et ajoute que celles-ci doivent seules entrer en ligne de compte, et que toute autre chose doit être négligée. *Meyer* (1), auteur du *Collegium Argentoratense juridicum*, dans la préface de cet ouvrage, se met en véhémente colère contre ceux qui oseraient préférer leur méthode à celle de Justinien; et Antoine Mathæus (2) dans son *Collegium fundamentorum juris*, soutient qu'une nouvelle

(1) Meyer, né Nimègue et mort à Strasbourg, professeur de Droit civil et canonique, a laissé quelques ouvrages sur le Droit romain.

(2) Né à Utrecht en 1635 et mort à Leiden, professeur en droit en 1710, est auteur d'un grand nombre d'ouvrages de droit.

méthode de droit, dans l'état des choses, ne serait pas seulement oiseuse, mais nuisible. Il avoue bien que celle de Justinien n'est pas la meilleure; mais qu'est-ce que cela fait, dit-il, si la vôtre ne l'est pas davantage. Il souhaite qu'il soit rédigé un nouveau *Corpus* par les soins de l'autorité publique. Mais, ajoute-t-il, comme maintenant il faut recourir à celui que nous avons, une méthode nouvelle exigerait un double travail, puisqu'il faudrait la graver dans la mémoire, sans préjudice de l'ancienne.

Nous, au contraire, nous exposerons les avantages d'une nouvelle méthode, en regard des inconvénients de celle du *corpus*; et d'abord celle-ci réclame une double étude, alors que l'ordre des Institutes n'est pas celui du Digeste et du Code. Ensuite la division des Institutes par *personnes*, *choses et actions* est superflue, puisque les actions viennent autant du droit des personnes que des choses, et que, d'un autre côté, il y a des *personnes*, [illegible] les esclaves et les fils de famille qui sont regardés comme des choses. Ainsi, on ne revendique pas moins un esclave qu'un cheval, et les fils de famille sont également une propriété, toutefois restreinte à certaines limites. Pour tout dire en peu de mots, cette division est fondée non sur le droit, mais sur le fait, car les *personnes* et les *choses* sont des objets de fait, la *puissance* et l'*obligation* des termes de droit. Mais si néanmoins elle est une fois acceptée, pourquoi ne pas continuer jusqu'au bout; pourquoi ne pas subdiviser les personnes et les chosès d'après les rapports physiques et moraux ; *v. g.*, en personnes sourdes, muettes, aveugles, hermaphrodites, parfaites, en hommes, femmes, impubères, mineurs, adultes, riches, pauvres, nobles, magistrats, paysans, étrangers, hérétiques, schismatiques, etc.; en choses divisibles, indivisibles, précieuses, viles, mobilières, immobilières, locomotives; en trésors, écus, matières fongibles; en quadrupèdes, chevaux, bêtes féroces, etc. Pourquoi, dis-je, ne pas classer ainsi les titres des lois, en expliquant sous chacun d'eux le point de droit qui s'y rapporte ? sans doute, c'est parce que l'on a reconnu qu'il suivrait, de là, des répétitions à l'infini, et qu'en procédant de cette manière, on ne pouvait pas rédiger le droit par formules générales. Ne serait-ce pas comme si dans un ouvrage de géodésie on divisait la science non par la matière, mais par la forme et qu'on traitât de la mesure des champs, pâturages, terres sablonneuses, argilleuses, rocailleuses. Qui ne serait tenté de rire en voyant procéder ainsi ce nouvel Euclide? Donc, la division de la jurisprudence prise du concret, est la source de toute confusion et est plus appropriée aux traités ou *index:* car les auteurs de ces sortes d'ouvrages rassemblent de divers titres les droits qui concernent les muets, les sourds, etc. etc. Certes, on ne peut nier qu'une méthode semblable ne peut nous convenir en aucune manière aujourd'hui : car, avec elle, comment classerait-on avec facilité le droit féodal, ecclésiastique, et *la matière du concours des créanciers.*

quant à l'ordre suivi dans le digeste et dans le code, il est fondé sur des bases, qui sont étrangères à notre temps.

Mais une nouvelle méthode aura d'incroyables avantages si elle est exacte. C'est ainsi que par elle, on formera un admirable abrégé des choses que l'on doit apprendre, en posant seulement les principes, d'où dériveront d'elles-mêmes une infinité de questions spéciales, et en se contentant de noter ce qui ne se déduira pas positivement des termes généraux : car, comme l'a très-bien remarqué Felden, dans la préface de ses éléments, qu'est-il besoin de se graver dans la mémoire cette proposition particulière que le mineur a besoin d'un curateur ainsi que le furieux et l'absent, quand il existe une règle générale aussi évidente que celle-ci, puisée dans les principes de l'ordre social, que celui qui ne peut vaquer à ses affaires a besoin d'un curateur. De plus, la mémoire elle-même trouvera un puissant auxiliaire dans cette liaison naturelle des choses, qui découlent d'elles-mêmes, lorsque soit des termes fixés dans la définition du genre, soit de la différence elle-même du genre, on arrivera à déduire les variétés des espèces particulières. Enfin, comme une méthode ne peut être exacte, sans que les définitions des termes le soient, (car la définition du genre est comme la clef des différences qui caractérisent les espèces) on acquerra, par là, une connaissance solide du droit et ce sera une porte ouverte pour décider, au moyen des principes, les cas particuliers douteux.

Ainsi, la mémoire et le raisonnement trouveront un égal appui dans la perfection de la méthode.

Les remèdes d'Antoine Mathæus ne sauveront pas une cause désespérée. Il avoue les vices de la méthode de Justinien, il doit donc avouer qu'il faut en souhaiter une meilleure, en un mot, un nouveau corps de droit. Pourquoi donc en repousse-t-il l'idée ? une méthode est-elle autre chose que l'esquisse d'un nouveau corps de droit. La raison qu'il donne d'un double travail est mauvaise : car apprendre une méthode naturelle, n'est pas une fatigue. Bien plus, pourvu qu'on perçoive seulement les définitions exactes des choses, on parviendra à une méthode parfaite pour apprendre le reste. Ce sera là comme un index *du Corpus Juris* de Justinien, et l'on n'oubliera pas de placer en marge, les passages des lois correspondants.

Divers Jurisconsultes ont publié, sur le droit, diverses méthodes. Je ne les nommerai pas tous; Coras (1), Math. Etienne, dans sa dissertation de *Arte Juris*, Hug. Doneau (2) dans sa *Methodus commentarii*, Chopius dans son ouvrage *de Verâ philosophiâ Juris*, Hop-

(1) Né à Toulouse dans le seizième siècle, il professa la jurisprudence à Valence, à Paris, à Ferrare et dans sa ville natale. On a de lui deux volumes in-folio, sur le Digeste et sur le Code.

(2) Doneau, fameux rival de Cujas, enseigna le droit à Heidelberg et à Bourges. V. sur le caractère de son interprétation, M. Lerminier, *Introduction à l'Histoire du Droit.*

per (1), dans son *Seduardus*, Martin del Rio, dans ses *Principia*, Octave Pisan, dans son *Lycurgue* dernièrement réimprimé par les soins d'Helmond, en latin et en allemand, Felden, Puffendorf, Zouch (2), dont les essais en ce genre sont dignes d'éloges; Grotius, dont la méthode est loin d'être mauvaise au jugement de Thomasius, qui dit qu'il est plus facile d'y reprendre que d'y corriger. Nous pourrions citer encore Althusius (3) et Her. Vultejus (4), qui, l'un dans sa *Dicœologia*; l'autre, dans sa *Jurisprudentia Romana*, n'ont pas

(1) Hopper, Jurisconsulte du seizième siècle, enseigna le droit à Louvain. Il a laissé entr'autres écrits, *de Juris arte libri tres*, *Seduardus sivè de Jurisprudentiâ verâ libri duodecim*.

(2) Zouch, savant Jurisconsulte anglais du dix-septième siècle.

(3) Althusius, Jurisconsulte allemand, du seizième siècle, a fait un *Traité de Jurisprudence romaine*, outre l'ouvrage que cite Leibnitz.

(4) Vultejus, né dans la Hesse en 1555, il fut professeur en droit à Marpurg et mourut en 1634.

seulement essayé de rédiger une théorie, mais ont fait quelques tentatives pratiques. Tous les deux divisent les matières par le droit et le fait. Ainsi, dès le commencement, Althusius affirme que la Jurisprudence est susceptible d'une double division, prise, la première du fait, la deuxième du droit. Comme s'il était du ressort de la Jurisprudence de traiter du fait, ou comme s'il y avait un seul cas, où elle ne traitât pas du droit. Vultejus me déplaît surtout en cela qu'il rapporte l'obligation au droit des personnes par opposition au droit des choses, quand, cependant, comme nous le démontrerons bientôt, se place dans le droit des choses l'obligation du possesseur, par laquelle celui-ci est tenu de restituer, obligation née de son fait, à savoir de sa possession, comme par quasi-contrat.

Mais puisque nous venons d'exercer notre critique sur les autres, nous allons, en publiant nos idées, nous exposer à des représailles. Cherchons donc à faire sortir une méthode solide des définitions elles-même des choses. La Jurisprudence est la science des actions en tant qu'elles sont dites justes ou injustes. Le juste et l'injuste, c'est tout ce qu'il y a de *publiquement utile ou nuisible*, c'est-à-dire, utile et nuisible au monde ou à Dieu son Créateur, ensuite au genre humain et enfin à l'état; de sorte qu'en cas de combat, Dieu passe avant le genre humain, le genre humain avant l'état et celui-ci avant le citoyen. De là la division en Jurisprudence divine, humaine et civile. Quant aux intérêts du citoyen, ils ne sont pas du ressort de la Jurisprudence, mais de la politique.

La moralité ou la justice et l'injustice d'une action, vient de la qualité de la personne qui agit dans son rapport à l'action, qualité née d'actions précédentes et dite *qualité morale*. Mais comme la qualité réelle est double dans son rapport à l'action, la puissance et la nécessité d'agir, de même, la la puissance morale est appelée *droit*, et la nécessité morale, *obligation*.

Le sujet de la qualité morale est ou une

personne ou une *chose*. La personne est un être raisonnable, et elle est civile ou naturelle. La personne naturelle, c'est Dieu, un ange, un homme. Mais Dieu est le sujet du souverain droit, et ne peut être celui d'aucune obligation. La personne civile s'entend d'une association qui peut s'obliger et obliger à son tour, parce qu'elle a une volonté reconnaissable à un signe certain, comme la pluralité des voix, le sort, etc. etc. La chose est aussi un sujet de droit et d'obligation. Par exemple, si une chose propre à certain usage est léguée à quelqu'un, le droit en sera acquis à ses successeurs. Si une personne attachée à un service nuit en cela par où elle est propre, elle sera tenue de ce service et l'obligation en passera à ses héritiers. S'il est légué pour un cheval, par exemple, des caparaçons, il n'est pas douteux que le cheval étant vendu, ils ne passent à son nouveau maître. Il en sera de même d'un objet légué à un esclave (on sait que les esclaves sont assimilés aux choses). Dans tout droit réel, la chose est le sujet de l'obligation.

C'est pourquoi, c'est au sujet qu'appartient toute la matière des successions, parce que la succession est un roulement de droit ou d'obligation d'un sujet à l'autre. On doit comprendre ici les choses qui sont communes à plusieurs.

L'objet du droit et de l'obligation est le corps, la personne d'un tiers *sujet*. Le droit sur mon corps s'appelle *liberté*, celui sur ma chose s'appelle *faculté* et il se divise en plusieurs espèces : la *propriété directe* sur la chose, la *propreété utile* ou le droit d'usufruit et d'usage, le droit de servitude avec ses variétés, celui de possession, d'usucapion, etc. etc. Le droit sur la *personne* s'appelle *puissance*, et il se divise, à son tour, en droit de vie et de mort, de châtiment, de réprimande, etc. L'obligation consiste à ne troubler personne dans ses libertés, facultés et puissances. Le trouble qu'on apporte à ces droits s'appelle *injure*. L'obligation tendant à ce que le pouvoir d'un autre sur moi ne soit pas troublé se nomme positive, et c'est celle par laquelle je suis tenu de faire ou de souffrir quelque chose. Les autres obligations de ne pas entraver la liberté d'autrui ou de ne pas s'emparer de son bien, sont négatives. Ainsi, *l'objet* de mon droit est tout ce qui m'appartient, soit en nature, soit en valeur, à quoi se rapportent les prix des choses.

La cause de *la qualité morale* est la *nature* et *l'action*. La nature est pour l'homme une cause de *liberté* et *faculté*, ainsi que la cause d'une obligation correspondante de non-trouble par rapport aux autres. L'action est une cause de pouvoir sur quelqu'un pour qu'il fasse une chose ou qu'il la souffre sur lui-même ou sur ce qu'il possède, et elle se divise en *possession*, *injure*, *convention*. La *possession* m'accorde un droit réel, d'abord sur mon corps, parce que je le possède avant tout, de là, la *liberté*; enfin, sur les choses étrangères qui n'appartiennent à personne, de là la *faculté*, d'où résulte pour moi le droit de m'emparer de ma chose partout où je la trouve et pour un autre l'obligation de ne pas s'opposer à cela. *L'injure*, dans l'état de nature, donne à l'offensé le droit de liberté, faculté et pouvoir de tout genre sur l'offenseur; mais dans les societés où règne l'équité, ce droit a été restreint de telle sorte, qu'on doit se contenter de la réparation du tort causé, l'autorité publique se réservant la peine, si c'est à dessein que l'injure a été commise. *L'injure* est donc la source des délits et des quasi-délits. La *convention* renferme en elle toutes les promesses ou acceptations; et à elle appartient la doctrine de l'interprétation des termes, conditions, etc., etc. Les quasi-contrats se rapportent au droit réel. Enfin, beaucoup d'obligations qui ne paraissent pas dériver de la nature, mais de la loi, sont une suite de la *convention*, parce que le peuple a consenti à donner plein pouvoir au législateur, qui les a décrétées.

C'est pourquoi toutes les obligations, qui sont réglées par les jugements publics qu'elles aient pour but une punition pécuniaire ou corporelle, émanent des contrats, car chaque sujet de l'état a promis qu'il respecterait les règlements généraux comme les lois et les règlements particuliers comme les jugements. Or, la loi a décrété que celui qui ferait telle chose payerait celà. On est donc tenu de s'y conformer par respect pour son engagement. De même, on doit rapporter à cet endroit les règlements de police (die policey ordnungen) auxquels sont soumis la vie, les habitudes sociales, les dépenses d'habits, de repas, et également ceux qui statuent sur les affaires criminelles, et qui intéressent la paix et la sécurité publique, le respect dû à Dieu et les égards que l'on doit aux magistrats. De la même source des contrats, dérivent le droit public et la procédure tant civile que criminelle, dont le but est *l'exécution*, qui est la réalisation des qualités morales, de telle sorte que celui qui moralement est en possession du pouvoir, ou est sous l'empire d'une obligation, ait physiquement les mêmes avantages ou les mêmes charges.

Ainsi, nous avons établi les plus hautes sommités du droit : car les diverses manières d'acquérir sont : 1° *La nature*, qui donne la liberté et la faculté de s'emparer des choses dont la propriété n'est à personne. 2° *La successsion*, qui ne produit pas un nouveau droit, mais qui transfère l'ancien. Il n'y a que les descendants qui, dans la pureté des principes, succèdent légitimement, encore pour les biens qui appartenaient à leurs parents quand ils sont nés, parce que ceux-ci leur ont communiqué une partie d'eux-mêmes; quant à la succession ab intestat des autres, elle est une dérivation des contrats, parce qu'elle a sa source dans la loi. Mais les testaments, à ce qu'il me parait, ne seraient pas fondés en droit un seul instant, si l'âme n'était pas immortelle. En effet, comme les morts jouissent encore de la vie, ils restent encore les maîtres de leurs biens, dont leurs héritiers ne sont, à vrai dire, que les gérants. La 3e manière d'acquérir, c'est la *possession* d'une chose qui n'appartient à personne, avec l'intention de la posséder à l'avenir. La 4e manière d'acquérir, c'est la *convention*, comme une tradition incorporelle par signes équivalents à la tradition réelle, à quoi appartient tout ce qui vient du droit civil et de la loi, comme les matières criminelles et la procédure. *La convention* peut néanmoins être ramenée non-seulement à la *possession*, mais encore à *l'injure*, parce que tromper, c'est faire tort avec intention. La 5e manière d'acquérir, c'est celle que donne une infraction aux devoirs de l'association civile; et de là il résulterait, d'après le droit naturel, que tout droit est enlevé à l'offenseur qui se trouve corps et bien à la merci de l'offensé; mais les lois civiles ont imposé à ce droit des limites restrictives.

Les manières d'acquérir, pour l'un, sont pour un autre des manières de perdre son droit ou de s'obliger. Les manières de perdre son obligation, sont des modes de se libérer ou de recouvrer son droit. Telle est la mort sans héritiers, le payement avec lequel peut s'identifier la compensation, et enfin, la convention à laquelle peut de nouveau se ramener la loi.

En voilà assez sans doute, dans l'œuvre de déduire les principes juridiques des axiômes les plus évidents de la science. Il n'est aucune cause de droit ou d'obligation qui ne puisse trouver place dans les règles que nous avons posées. C'est à un ouvrage spécial à traiter la question avec plus de détails. Toutefois ces considérations préliminaires étaient nécessaires parce que non-seulement la Jurisprudence didactique, mais encore la polémique, doit être disposée d'après cette classification exacte (1).

Nous ne devons pas oublier ici ce que des hommes d'un mérite reconnu ont pensé sur le point où la Jurisprudence polémique devait trouver place dans la didactique. S'il est des controverses qui durent trop long-temps, il faut qu'elles soient décidées par l'autorité publique et qu'on rédige un nouveau corps de droit. Il existe à ce sujet d'excellentes réflexions de Bacon, soit dans son de *Sermonibus Fidelibus*, soit dans son de *Augmentis*

(1) Voyez la note insérée à la fin de l'ouvrage.

Scientiarum. Il me semble qu'on devrait, dans un pareil ouvrage, rechercher trois choses, à savoir : la plénitude, la brièveté, l'ordre, qualités qui excluent la répétition, l'obscurité, la contradiction.

Il est temps de revenir à nos éléments, que nous avons divisés plus haut, § 6, en *définitions* et en *règles*. *Les définitions* pourront être renfermées dans un livre qui sera appelé, à cause de sa forme : *Partitions du droit*, (c'est sous ce nom que Jeân Othon Tabor a désigné son travail). On doit placer les termes les plus usités dans un tel ouvrage, et leurs définitions et divisions doivent être développées dans l'ordre que j'ai dit; mais on doit en éloigner les particularités de la Philologie, les synonimes. Les homonymies les plus remarquables et qui pourraient être une source de confusion ne seront pas recueillies au hasard, mais leur signification la plus commune sera notée avec soin. Sur ce sujet, Rebhanius (1) dans son *de Hodogetâ Juris*,

(1) Né à Bautzen en 1604, il est mort en 1674.

pourra être lû avec fruit, car il a mis un grand soin à l'explication des termes. Quant aux *causes*, aux *contraires*, aux *effets*, aux *objets*, *sujets*, tout cela n'appartient pas aux définitions, mais aux règles ou préceptes.

Voyons, maintenant, la *matière* et la *forme* des préceptes. Qu'on insère sous le titre de *matière*, les textes des lois qui ne sont susceptibles d'aucune controverse, qui ne sont pas tombés en désuétude et qui n'ont pas été abrogés : car nous démontrerons, plus tard, que l'étudiant doit commencer par le droit actuel. Qu'on néglige tous les points qui sont tellement évidents d'après le droit naturel et les lumières de la raison, que l'homme le plus grossier, à la simple audition des termes expliqués dans les définitions, peut saisir, sur le champ, ce dont il s'agit: car, presque toute la doctrine des conventions vient du droit naturel; mais, au contraire, les matières des successions, de la procédure, des affaires cri-

après avoir exercé divers emplois dans l'Enseignement et dans la Judicature.

minelles, abondent en textes positifs. Enfin, qu'on passe également sous silence ces questions qui ne sont pas tant juridiques qu'historiques : *v. g.*, Pourquoi Justinien est dit *Allemand*, ou celles qui ne sont que philologiques : *v. g.*, Si le testament dérive de *l'attestation* de la volonté, ou bien philosophiques : *v. g.* , Si Justinien a défini convenablement *Iter, actus et via*, (1) ou bien si le *mutuum* (2) est une véritable aliénation. Qu'on pose donc seulement les textes qui peuvent servir à la décision d'un point de fait, en omettant ceux qui sont douteux, ceux qui ont été abrogés, ou ceux qui sont évidents ou étrangers au droit; et il suivra de là qu'on aura un livre d'éléments composé avec une briéveté et une facilité admirable.

(1) *Iter*, c'est le droit personnel de passage dans un champ; *Actus*, c'est le droit d'y faire passer un char; *Via*, c'est celui d'y passer avec un char. Il n'y avait entre ces servitudes diverses, qu'une différence d'espace dans le terrain sur lequel elles s'exerçaient.

(2) *Ou prêt de consommation.*

La forme des préceptes consiste dans la disposition des titres et des sous-titres. Que la distribution soit la même ici que pour les définitions; d'où il ne sera pas désavantageux de mêler les préceptes aux définitions, en employant d'autres caractères. Que l'on observe surtout d'abstraire les règles générales autant qu'il se pourra : car il y a des préceptes très-généraux, qui se nomment Brocards et qui se déduisent de matières très-diverses : *v. g.*, *Tout mode de perdre son droit est volontaire ou nul ne peut en être dépouillé malgré lui.* Cette règle est si universelle, qu'elle ne souffre pas une exception. Pourquoi donc, direz vous, en excepte-t-on ordinairement, *à moins que ce ne soit à titre de peine par un supérieur;* mais ceux qui le font n'ont pas pénétré dans la nature des choses morales, car ce qui est enlevé par un supérieur, est enlevé à quelqu'un qui n'y met pas obstacle, parce que jadis il a consenti à tenir pour obligatoires les volontés d'un supérieur. Nous direz-vous : il est bien un supérieur qui ne tient pas ses pouvoirs du consentement qu'on lui a donné : *v. g.*, Dieu, par droit de création. C'est bien malgré eux qu'il a dépouillé les Egyptiens de leurs droits ; mais il faut savoir que par rapport à Dieu il n'y a ni droit conféré, ni droit enlevé. La mort, à proprement parler, n'est pas la perte d'un droit, car c'est la personne elle-même qui périt. Le paiement (on peut payer malgré l'opposition d'un créancier) n'éteint pas plus le droit que la consolidation n'éteint l'usufruit. C'est *la partie nue* qui périt, non le droit lui-même, qui, au contraire, devient parfait. Je pourrais, par des milliers d'exemples, démontrer de combien d'exceptions on a hérissé les brocards sans nécessité. Cependant il faut le dire, il est certains brocards qui ont nécessairement beaucoup d'exceptions ; mais je les regarde comme de véritables absurdités. Toutes les fois qu'une règle reçoit une atteinte, elle cesse de remplir son office ; car l'office d'une règle est de reposer l'esprit, qui compte sur ce que le prédicat convient à toutes les variétés du sujet. Que si une règle reçoit une exception, elle devient inutile, parce qu'on ne peut pas avoir confiance en elle. Cet axiôme trivial, qu'il n'est pas de règle sans exception, ne me parait donc pas devoir signifier autre chose si ce n'est *maintenant je mens*, ou ce que disent les sceptiques : *nous ne savons rien, pas même que nous ne savons rien.* (Voyez ce que nous avons dit dans notre *Spec. Quœest. Phil. Ex jure.* Quest. 12.) cette règle ressemble à un édifice qui tombe en même temps qu'il s'élève. Mais puisqu'il n'est pas de règle sans exception, et que cet axiôme est une règle, il suit que lui-même aura des exceptions. Donc, il est une règle sans exception; mais par la raison qu'il n'est pas de règle sans exception, il est faux que cela soit. On doit tenir pour avéré, que cet adage n'est qu'une invention de la paresse et de l'ignorance : car chez les grammairiens où il a pris naissance, jadis Sanctius et plus tard Sciopppius ont posé des règles telles qu'elles sont à l'abri même d'une seule exception. Quant à ce que l'on regarde comme des exceptions, ce n'est pas autre chose que des ellipses ou des pléonasmes. Le même vice règne dans les règles philosophiques, d'où il a passé dans les règles de droit : car comme l'a très-bien remarqué Jean Adam Scherzerus, dans la préface de son *Manualis philosophicus*, on a classé parmi les règles, certaines maximes, qui ont plus d'exceptions que d'exemples : *v. g.*, *Telle cause, tel effet.* Après s'être efforcés d'environner cette maxime d'une barrière de distinction, les philosophes y recourrent néanmoins, à savoir : dans les causes *univoques* (1). Mais qu'est-ce que c'est qu'une cause *univoque?* c'est celle où l'effet est semblable à la cause. D'où il n'y aura, par conséquent, aucun inconvénient à dire : *telle cause*, *tel effet*.

Spectatum admissi, risum teneatis amici.

Aussi, le célèbre Thomasius ne s'occupe pas, sans quelque utilité, d'une explication exacte des règles philosophiques, ouvrage qu'il doit publier au premier jour. Nous, aussi, avec l'aide

(1) *Univocque*, c'est-à-dire, semblable de nom et de chose.

de Dieu, nous essayerons d'une réforme des Brocards, les ramenant tous à une généralité parfaite, et rejettant comme absurdes, tous ceux qui ne pourraient y atteindre. Il n'est pas nécessaire de limiter une règle par des exceptions qui résultent d'autres règles exposées dans le même livre ou plus bas : *v. g.*, *Celui qui s'est obligé paye, à moins qu'il n'ait déjà payé, à moins que la remise de la dette ne lui ait été léguée, à moins qu'il ne puisse élever l'exception de compensation*. Quel besoin serait-il d'ajouter ces restrictions ? Ne résultent-elles pas de règles qui seront développées plus tard ? C'est en les supprimant, qu'on évitera de si inutiles répétitions et un si lourd amas de volumes. Jusqu'à aujourd'hui, il faut l'avouer, on n'a pas remédié à de tels inconvénients, et c'est ce qui fait que je me trouve fort embarassé de recommander un auteur de règles de droit. On fait quelque cas néanmoins de Barboza et de Diaz, qui en ont recueilli deux gros volumes in-folio.

En voilà assez pour les préceptes les plus

généraux ou les Brocards. Suivent maintenant les règles intermédiaires, mais qui ne sont pas encore les plus spéciales : *v. g.*, On ne doit pas appeler en justice aucune des personnes vis-à-vis desquelles on est tenu à des respects : *v. g.*, un parent, un patron, un magistrat ayant droit à l'obéissance; et cela se démontre par la nature même de l'action judiciaire. Elle est un acte de violence, puisque ceux qui se refusaient à venir en justice étaient jadis trainés de vive force devant le juge. On ne peut donc pas user d'un pareil procédé vis-à-vis de quiconque a droit à nos respects. C'est un principe que l'intelligence la plus grossière peut déduire, sans peine, du droit naturel. Il faut donc donner ses soins à ce que, partout où cela est possible, on fasse usage de règles générales, afin d'abréger les études. Qu'on tente de concevoir, si cela se peut, des règles construites de telle sorte que le sujet soit égal au *prédicat*, et qu'on ne puisse pas trouver de sujet plus général à ce *prédicat*. (Elles pourraient trouver place ici les réflexions que nous avons émises à ce sujet dans notre *Art combinatoire*). *v. g.*, *Tout homme qui a en son pouvoir des choses étrangères, et lui seul est tenu de faire un inventaire ou une déclaration assermentée*; et par suite, celui qui est tenu de faire un inventaire ou une déclaration assermentée; celui-là a des choses étrangères en son pouvoir, car l'héritier est obligé à cette formalité, pour l'hérédité qui n'est pas acceptée, parce que, dans la suite, il apparait qu'il a possédé la chose d'autrui. De même, s'il s'agit de torture, on doit concevoir cette règle générale: *tout homme, et celui-là seul qui serait condamné en l'état des choses, si l'affaire était civile, doit être mis à la question*, parce que nul n'est condamné criminellement, si ce n'est celui qui a avoué son action coupable. On doit donc forcer à l'aveu, quiconque est convaincu de crime, d'où il suit qu'on doit mettre à la question tout individu qui ne pourrait pas prouver son exception d'innocence, mais seulement alors qu'il serait condamné, si l'affaire était civile. Cette règle est à l'instar de plusieurs autres sur les indices, qui suffisent pour l'application de la torture. De même, dans la plupart des matières, on pourrait tout ramener à des propositions réciproques. Felden a donné quelques conseils là dessus, soit dans ses notes sur Grotius, soit dans ses éléments de Jurisprudence. Voilà pour ce qui concerne les règles intermédiaires. *Les règles les plus spéciales* sont, pour la plupart, des principes de droit positif, et consistent dans des formules consacrées, se réduisant du reste à fort peu de chose, élimination faite des règles générales. Ainsi, souvent un titre sera achevé par une règle ou deux. Si Dieu nous en donne les forces, nous ferons un travail là dessus d'après l'ouvrage de Menochius (1) et de Mascardi (2), que nous abrégerons au point que cent règles feront toute l'affaire, et nous lui donne-

(1) Menochius, né à Pavie, a professé le droit dans plusieurs villes d'Italie, et est auteur en outre de l'ouvrage cité par Leibnitz, de plusieurs autres traités.

(2) Mascardi, né dans l'Etat de Gênes, et mort en 1608.

rons pour titre : Abrégé du traité des preuves et présomptions de Mascardi et Menochius.

Des titres et de leur *disposition*, venons aux *sous-titres*. Les *sous-titres* embrassent la *forme* ou la *définition*, *le sujet*, *la cause*, *l'effet*, *le contraire* ou l'extinction du droit et de l'obligation. Je n'ignore pas que tout ceci peut être différemment entendu par d'autres; mais, si l'on y regarde bien, on verra que tout vient se ramener aux bases que nous avons posées. Wesembech (1) et ceux qui ont écrit sur les diverses classes d'actions, Oldendorp (2) et Haersolte brillent dans l'art de disposer les sous-titres. Plus de détails seraient inutiles ici, nous dirons seulement, en terminant, que la division par sous-titres doit être observée dans chaque titre.

Ce que nous venons de dire sur la Jurispru-

(1) Né à Anvers en 1531, il professa le droit à Iéna et à Wittemberg, et mourut dans cette dernière ville en 1586.

(2) Né à Hambourg dans le 16e siècle, il enseigna la jurisprudence à Cologne et à Marpurg.

dence didactique ou les éléments du droit, ne convient pas seulement aux Jurisconsultes, mais encore aux Théologiens et aux Médecins, car ils doivent réciproquement apprendre la science, les uns des autres, quoiqu'il ne soit pas nécessaire qu'ils entrent dans les controverses, ce qui est plus particulièrement du ressort de la polémique, qui ne doit être étudiée que par ceux qui se livrent spécialement à l'une d'elles. J'ai connu plus d'un homme de mérite, qui s'est repenti, au déclin de l'âge, d'avoir méprisé la Jurisprudence dans sa jeunesse, la Jurisprudence dont j'ai montré ci-dessus l'utilité pour le Théologien.

Nous avons assez discouru sur la Jurisprudence didactique; il est temps que nous arrivions à la *partie historique*. La Jurisprudence historique est interne et externe. L'interne pénètre dans la substance du droit, l'autre lui sert d'auxiliaire, et c'est une connaissance qu'il est bon de posséder. L'histoire interne s'occupe de recueillir les législations des divers peuples, comme ont fait Aristote et Théophraste, dans des ouvrages qui ne sont pas parvenus jusqu'à nous. Nous avons, dans l'écriture sainte, les lois de Moïse, qu'un Grec postérieur à Justinien(1) a comparées avec les lois Romaines, et sur qui Zepperus a fait un travail analogue, mais beaucoup plus exact. Il existe dans Hérodote, dans les fragments de Ctésias et dans Diodore, quelques vestiges des lois de l'Egypte, de la Perse, et de la Scytie. Pausanias a fait un recueil complet de toutes les institutions de la Grèce et pour celles de notre temps, Meursius (2) nouveau Pausanias, les a recueillies. Les lois romaines dont je parlerai bientôt, peuvent être assez bien connues par les monuments qui nous en restent. Les lois des nations, qui, barbares dans le principe, se sont civilisées par la suite, à savoir : des Lombards, des Goths, des Francs, la loi Salique et autres législa-

(1) Licinius Rufinius. Son travail a été imprimé pour la première fois en 1573, par Pithou.

(2) Né en 1579, près de la Haye en Hollande et mort en 1641, a laissé de nombreux et de savants ouvrages d'Histoire et de Critique.

tions du temps passé, ont été publiées par Lindebrog (1) en un seul volume. Je ne dirai rien des recueils de bulles, des lois françaises ni du *Landrecht* et *Weichbild* des Saxons, ni des Statuts de Pologne, ni du corps de droit Prussien, ni des coutumes de l'Italie, rassemblées en grande partie par le cardinal Tusca (1), ni des lois de la Hongrie, ni des usages de la Marche, ni de tant d'autres législations si diverses les unes des autres. De toute cette immense mer de textes, avec l'aide de Dieu, nous composerons un *théâtre légal*, (Theatrum legale) dans lequel nous disposerons et mettrons en regard les unes des autres, les lois de toutes les nations, de tous les lieux, de tous les temps et de toutes les matières. Quoique l'histoire du droit Romain ait été traitée avec détails par

(1) Mort en 1658, a laissé des notes sur les lois anciennes des Bourguignons, des Allemands, etc., ainsi que sur les formules de Marculfe. Il a également laissé un Glossaire sur les lois de Charlemagne et de Louis le débonnaire.--Voyez le second vol. de Baluze, E. J. Chiniac.

(2) Né à Reggio, il est mort à Rome, en 1620.

Forster et par Godefroy (1), dans son *Manualis*, je désirerais plus de développements encore. Ainsi, je voudrais une histoire où fussent expliqués la marche et les progrès du droit Romain, où se trouvât l'indication des Tribuns qui portèrent tels plebiscites des consuls qui furent les auteurs de tels Senatus-consulte, des Prêteurs qui firent paraître tels édits, des Empereurs qui décretèrent telles constitutions, en marquant, avec soin, les modifications que ces dispositions diverses s'apportèrent mutuellement les unes aux autres. Nous qui aimons à embrasser ce que négligent les autres, nous entreprendrons un jour un tel travail, dans un livre très-court, qui portera ce titre : *Sur les auteurs du droit Romain.*

L'histoire *externe* est nécessaire pour l'intelligence de la Jurisprudence. Ainsi, l'histoire Romaine sert pour le droit civil, l'histoire ecclésiastique pour le droit canonique ;

(1) Jacques Godefroy, célèbre jurisconsulte, connu surtout par ses travaux sur le code Théodosien.

celle du moyen âge pour le droit féodal, celle de notre temps pour le droit public, qui nous régit.

L'histoire Romaine est divisible en quatre époques. L'une qui embrasse la république jusqu'à Auguste, l'autre qui d'Auguste va à Constantin, la troisième qui comprend l'intervalle écoulé entre Constantin et Justinien; enfin, la quatrième qui continue le règne des empereurs Grecs depuis Justinien. Il estun abrégé de l'histoire de la république par Lucius Annœus Florus, sous le titre de *Compendium rerum romanorum*, avec des remarques par Freinshemius. Il en existe un autre d'un second Florus, abréviateur de Tite-Live (1) duquel Martial a dit :

Pellibus exiguis arctatur livius ingens,
Quem mea vix totum bibliotheca capit;

(1) C'est une erreur, selon la Biographie universelle des frères Michaud, qui s'autorise à cet égard de l'opinion de Juste Lipse, de Pontanus et de Fabricius, que de croire que ce Florus ait abrégé Tite-Live.

Enfin, on en trouve un troisième que Justin a composé d'après Trogue et dont Mathieu Bernegger a donné une édition très-exacte. En fait de grandes histoires, nous citerons Tite-Live, Denis d'Halicarnasse, Plutarque, dans ses parallèles. Dion a traité la période qui vit changer la république en monarchie. Enfin, nous ajouterons, à cette liste, les auteurs modernes, Jean Zamoscius, Charles Sigonius (1), Er. Robortel, Manuce, Turnebe, Lipse, Jean Scaliger, Th. Dermster de Muresck, Octavio Ferrari, Fortunius Licetus, Jan. Gruter, surtout pour son *Lampas critica* (qui est un traité sur les traités de philologie), et ses *Inscriptiones*, ouvrage qu'un savant distingué Th. Reinesius a enrichi de suppléments. Je ne parlerai pas de Salmasius, pour son de *Pallio et de militiâ romanâ*; de Budée, pour son de *Asse*; de Gronovius, pour son *de Sestercio*; de Bartholin, pour son de *Penulâ*; de Barthius, pour ses *Adversaria*, ni d'une foule d'autres, qui ont

(1) Né à Modène dans le 16me siècle, a écrit de savants traités sur les antiquités du droit Romain.

traité mille questions de détails appartenant à l'histoire de la république. J'en dirai autant de ceux qui, dans des notes sur les ouvrages des anciens, ont répandu à cette occasion l'érudition qu'ils avaient recueillie çà et là. C'est à l'histoire de cette période que correspondent l'établissement des lois des douze tables, celui du droit Prétorien, l'origine des Jurisconsultes et toutes les institutions qui existaient du temps de Cicéron et avant lui. A cette époque, la Jurisprudence romaine n'avait pas dévié du droit naturel, parce que les lois ne fléchissaient pas encore aux caprices d'un maître.

Il existe, pour l'histoire d'Auguste à Constantin un recueil d'historiens, qui a été publié par Fr. Sylburgius, et dont une édition un peu différente a paru naguère en Belgique. Les auteurs anciens qui ont raconté les événements de cette période sont : Dion Cassius, Suétone, Tacite, Velleius; Herodien, qui a écrit en Grec, Œlius Lampadius et autres. Ne serviront pas peu à expliquer ces mêmes événements, les divers Panégyriques, qui sont joints aux lettres de Pline le jeune. On lira simultanément avec les historiens que nous avons nommés, Philon, Josephe, Martial, Stace, et les écrivains ecclésiastiques Tertullien, Cyprien, Eusèbe. Sous les empereurs, le droit romain a beaucoup perdu de son antique simplicité. Auguste a le premier introduit l'usage des fidei-commis et des codiciles. Sous Adrien parut l'édit perpétuel (1). Le code et les fragments qui nous restent des Jurisconsultes, nous enseignent ce que décretèrent Marc-Aurèle, Verus, Comode, Sévère, Antonin, Diocletien et enfin Maximien.

Pour les faits qui se sont passés de Constantin à Justinien, on peut consulter les auteurs ecclésiastiques et profanes suivants: Ammien Marcellin, Zonare, Orose, Jornandès, Pro-

(1) On trouvera, dans l'histoire du droit Romain de M. Hugo, une savante discussion, dans laquelle il combat vivement une opinion fort accréditée sur l'importance réelle des changemens qui s'opérèrent sous Adrien, à l'occasion de l'édit. (V. la traduction de Jourdan, tomes 1 et 2. p. 302 et 78.

cope; ce dernier, dans son histoire publique comme dans son histoire privée, où il a révélé les vices de Constantin; ouvrage qui d'abord publié par Nic. Aleman a été revu par Eichelius d'Helmstadt. Th. Rivius, Anglais de naissance, a écrit l'apologie de Justinien pour réfuter Procope, et Paganinus Gaudentius, un assez bon traité sur les mœurs du siècle de Justinien. Qu'on n'oublie pas de lire aussi Sidoine, Apollinaire, Ausone, Claudien, les lettres de Symmaque. Qu'on joigne à cette lecture celle de la *Notitia imperii orientalis et occidentalis* annotée par Guy Pancirolle (1), elle est nécessaire pour l'intelligence des premier, dixième, onzième et douzième livre du code. Ce ne sera pas sans quelque avantage qu'on lira en même temps l'Anti-Tribonien de Fr. Hottman (2).

L'histoire du bas-empire doit-être étudiée

(1) Guy Pancirolle, né à Reggio en 1523, et mort professeur de droit à Padoue en 1599.

(2) Jurisconsulte du 16e siècle, il est connu par de savants travaux et par ses attaques contre l'école d'Accurse et de Barthole.

surtout dans Cedren. Le livre de Curopalate *De officiis*, expliquera la composition de la cour impériale. On lira deux auteurs dont je ne me souviens plus du nom et qui ont écrit, l'un l'histoire de Maurice, l'autre celle de la prise de Constantinople, que le jésuite Pontanus a publiées avec des notes. Le Grec Laonic Chalcondyle a raconté les conquêtes des Turcs depuis leur première invasion. Elmacin a écrit l'histoire des Sarrazins. Les croisades ou la guerre sainte ont été le sujet d'un grand ouvrage qui porte le titre de *Gesta dei per francos*. Le droit de cette période se trouve recueilli dans les Basiliques, l'abrégé d'Harmenopule et le *Manuel* de Godefroy, qui n'a pas besoin d'autre désignation. Jacq. Cujas (1) a répandu beaucoup de lumières sur cette matière; et de nos jours Charles *Annibal Fabrot*(2)

(1) Voyez la notice si remarquable sur le caractère de son talent et de ses travaux, dans l'ouvrage déjà cité de M. Lerminier.

(2) Né à Aix; on lui doit en outre de l'édition des Basiliques, en 7 volumes in-fol., la grande édition

en a fait l'objet d'une sérieuse étude. On a ajouté à la nouvelle édition française des Basiliques, la notice des Basiliques de Joseph Marie Suarez. Une foule de choses sont encore à découvrir sur le droit du Bas-Empire et restent ensevelies dans les bibliothèques d'Orient et même d'Europe. Espérons que la bibliothèque qui a été dernièrement tranférée de Bude à Vienne, (1) ne sera pas, sous ce raport, improductive pour les investigations de la science.

Après l'histoire romaine, dont la connaissance est indispensable pour comprendre le droit civil, doit venir l'histoire ecclésiastique, nécessaire à l'intelligence du droit canonique. Elle est *entière* ou *partielle*. L'histoire *entière* est *abrégée* ou *étendue*. A celle là appartiennent les Centuries de Magdebourg, les Annales de Baronius, celles de Bzovius, conti-

de Cujas, en 10 vol. in-fol. Il est mort Conseiller au Parlement de Provence.

(1) C'est la bibliothèque des anciens Rois de Hongrie, qui fut emportée à Vienne après la prise de Bude sur les Turcs en 1686.

nuateur de Baronius, les écrits de Torniellus et de Salian; à celle-ci les ouvrages de Pappus de Jean Hen. Hottinguer, l'histoire universelle de Jean de Laet, dont la moitié se trouve consacrée aux affaires ecclésiastiques, l'abrégé de Baronius par Sponde, celui des Centuries de Magdebourg par Osiander.

L'histoire ecclésiastique partielle comprend tout ce qui a rapport aux rites, aux martyrs, aux pères, aux dogmes, aux conciles, aux hérésies, au gouvernement de l'église, aux pontifes ou aux ordres monastiques. *Sur les rites*, nous possédons Jean-Baptiste Casalius et Zimmerman, auteur d'un commentaire sur ce mot de Tertullien, *on devient, on ne naît pas chrétien*, où se trouvent recueillis par ordre alphabétique beaucoup de faits qui se rapportent à cette matière. Il faut leur ajouter Casaubon, dans ses remarques sur Baronius, Richard Montacutius opposé de doctrines à l'un et à l'autre; Jean Dallée, dans divers traités, et Salmasius, dans son *Apparatus*. *Sur les martyrs*, il existe les Martyrologes de Bede, d'Usuard, de Molan, de Baronius. Là se rattache le *traité des supplices des anciens chrétiens* de Nicolas Gallonius, ainsi que les *vies des saints* de Laurent Surius. Plusieurs ont écrit sur les pères qui nous ont laissé des ouvrages. Autrefois Jérome publia un travail sur les auteurs ecclésiastiques. Aujourd'hui Bellarmin pour les Catholiques romains, Jean Gérard pour les Luthériens, Rivet pous les Réformés, ont composé les deux premiers leur *Patrologia*, le dernier son *Criticum sacrum*. La censure de Cocus, porte sur le même argument, ainsi que le livre de Raynaud de *Apocryphis* et celui *Contra hartum*. Ici trouvent leur place les *Scripta orthodoxo grapha*, publiés en même temps, et dont la bibliothèque des pères, imprimée plusieurs fois et dernièrement à Paris, avait précédé la publi cation.

L'histoire des dogmes ecclésiastiques ou des opinions diverses, selon les temps et les lieux, sur chaque article du nouveau testament, a été composée avec soin par Denys Petau, pour les Catholiques, dans son grand ouvrage de *Dog-*

matibus, qui embrasse toute la théologie; et pour les Luthériens, par Jacques Gérard, dans son de *Confessione catholicâ*, dont Jean Ernest Gérard a donné un abrégé, et nous pouvons citer avec eux le *Catalogus testium veritatis*, dressé par Mathieu Flaccius. Pour les Réformés, Jean Forbesius a cherché a concilier les pères de l'église, dans son ouvrage remarquable de *Instructione historicâ theologicâ*. D'un autre côté, les dogmes ayant été l'objet des décisions des conciles, c'est ici le cas de lire l'histoire abrégée des Conciles de Fr. Longus Coriolan et celle de Bar. Caranza. Les annales des conciles ont été d'abord publiées à Cologne et par la suite en France, je dirai même assez souvent. Il en existe dans ce dernier pays une édition magnifique, dont le trésor royal a fait les frais. On y en prépare une nouvelle moins superbe, moins volumineuse et par suite moins chère. Jadis Augustin, dans son *Quodvultdeum*, que Lamb. Danée a annoté, a fait la nomenclature des dogmes rejetés dans les conciles comme renfermant des hérésies. Alph.

de Castro a écrit un *livre de Hœresibus*, ainsi que Conrard Schlusselbourg, dans son *Catalogus Hereticorum*.

M. Antonin de Dominis, dans son ouvrage *de republicâ ecclesiasticâ*, a présenté le tableau historique de la constitution de l'eglise ou de la hiérarchie ecclésiastique. Ajoutez-y l'écrit de Robert Bellarmin, sur la puissance pontificale; et contre cet ouvrage, celui de Guillaume Barclay, et du roi Jacques d'Angleterre, auquel Bellarmin a répondu sous le nom supposé de Tortus; et la réplique du Roi *Tortura torti*, qui réduisit son adversaire au silence. On lira encore divers auteurs qui ont expliqué la hiérarchie ecclésiastique du culte catholique, ainsi que ceux qui ont écrit sur les priviléges et libertés de *l'Eglise* gallicane, dont on pourrait faire un immense catalogue; et ceux en outre qui ont publié la défense des droits de Louis de Bavière contre le Pape, Marsile de Padoue, Guillaume Occam et autres; dont les écrits qui nous restent ont été rassemblés en un seul volume par Melchior Goldast (1). Là appartient l'histoire des cardinaux et le commentaire de *Cardinalibus* qui a paru dernièrement, le traité de Freinshemius, dans lequel se trouve agitée la question de préséance entre les électeurs du St. Empire Romain et les cardinaux. L'histoire des évêchés, monastères, églises, qui ont acquis dans ces derniers temps quelque importance, a été composée par Rud. Hospinien appartenant au culte des réformés, dans son de *Origine templorum, monasteriorum*. On peut y ajouter Himmelius, auteur de celui de *Cannonicatibus*, et Jean Middendorp, Lansius, Limnée, pour leurs *Historiæ academiarum*; auxquelles peut se rapporter l'histoire de la théologie Scholastique que Lambert a consignée dans ses prolégomènes sur Pierre

(1) Jurisconsulte du 17e siécle, il naquit en Suisse. L'ouvrage dont parle Leibnitz a pour titre : *Monarchia J. Romani Imperii sive tractatus de jurisdictione imperiali, seu regia et pontificia, seu sacerdotali, deque potestate imperatoris, sive regis papæ cum distinctione utriusque regiminis politici et ecclesiastici*.

Lombard. Je pourrais faire ici une longue énumération des auteurs qui ont écrit les annales des différents ordres, *v g*, de celui de Citeaux, de ceux des Mineurs, Dominicains, Carmélites, Augustins, Minimes, Carthusiens, Jésuites, etc. etc., si une connaissance spéciale en était nécessaire au Jurisconsulte. L'histoire de la societé de Jésus mérite une place à part; et on doit lire, pour la connaître, l'ouvrage qui a été publié à Rome et se continue toutes les fois qu'il meurt un général de l'ordre, de même que la *Bibliotheca societatis Jesu*, qu'à fait paraître Ph. Alegambius. Ainsi donc, nous avons achevé de tracer l'esquisse des connaissances que doit posséder, en fait d'histoire ecclésiastique, le Jurisconsulte ou le publiciste de notre temps, afin de ne pas être mu comme le peuple par une ferveur imprudente, mais bien pour que, sachant l'origine de toutes les opinions, il puisse juger les choses avec une impartialité libre de toute prévention. Je dis cela, parce que sans qu'il soit besoin de détails à cet égard, on sent combien les affaires civiles ont du contact avec celles de la religion. J'ai, à dessein, dans chaque division de l'histoire ecclésiastique, cité des auteurs appartenant à tous les cultes qui sont autorisés dans notre pays, afin que personne, quel que soit celui qu'il professe, ne nous accuse de vouloir lui en imposer.

Après l'histoire ecclésiastique, si nécessaire pour la parfaite intelligence du droit canonique, doit venir l'histoire du moyen âge, qui ne l'est pas moins pour la connaissance du droit féodal (1). Là on trouve beaucoup d'auteurs tels que Otton de Frisingen, Abbé d'Usperg, Adam de Brême, Albert de Staden, Gobelin Personna, Luitprand, Gonthier Ligurinus, Sigebert de Gembloux, Saxon le Grammairien, et tous les autres qui ont été publiés séparément par Simon Schardius ou collectivement dans les recueils de l'histoire d'Allemagne. Je

(1). Nous croyons presque inutile de dire que le droit féodal c'est le droit des fiefs, qui a survécu, comme on sait, aux institutions auxquelles on donne communément le nom de *féodales*.

ne parlerai pas des écrits historiques qu'a mis au jour Selden en Angleterre ; de ceux qu'a recueillis en Pologne Starovolski dans sa Centurie des écrivains Polonais. Ce ne sera pas sans utilité qu'on lira les chroniques de Spire par Lehman; de Trèves, par Kiriander ; de Mayence, par Nic. Serrarius ; de Danemarck, par Jean Isaac Pontanus, ainsi que l'histoire du Nord d'Olaüs magnus, d'Islande de Jean Arngrin ; d'Angleterre, de Cambden ; d'Ecosse, de Buchanan ; d'Irlande, dans la *Lyra hybernica*, ouvrage publié il y a peu de temps. On ne lira pas, non plus, sans résultat avantageux, pour les affaires de la France, Paul Emile, de Serres, du Tillet; pour celles de l'Espagne, Mariana ; du Portugal, Osorius ; de la Bohême, Dubravius ; de de la Pologne, Cromer ; de la Misnie, Fabricius de Kemnitz ; de la Frise Ubbon Emmius ; de la Westphalie, Jean Justus Winkelman ; de la Belgique, Ant. Thysius ; de la Silésie Curée ; de la Carinthie Megiser ; de l'Autriche, Cuspinien et Gérard de Rhoo ; de la Suisse, Stumpfius ; de l'Esclavonie Helmoldus ;

de Venise, Bembo; de la Sicile, Fazel; de la Souabe, Crusius; de la Bavière, Aventin, de la Hongrie, Hortelius et Nadastius, dans son *Florum ungaricum*, et une foule d'autres historiens qu'il est inutile de citer. Pour ce qui est de l'histoire spéciale d'Allemagne, on verra les écrits de Freher, Goldast, Meybonius, Lindenbrog, Conring et Besoldus. On joindra à ceux-ci les auteurs qui ont traité de l'origine des fiefs et principalement Cujas et Hottman. On n'oubliera pas également de parcourir aussi la *Franco-Gallia* d'Hottman et beaucoup d'autres ouvrages d'un mérite reconnu, de même que les Lexiques Allemands, dont nous parlerons avec plus de détails, quand nous en serons à l'exégèse.

Venons maintenant à l'histoire de notre temps, si essentielle pour l'entente de notre droit public. J'appelle histoire de notre temps, celle qui embrasse le siècle passé et celui dans lequel nous sommes. Les affaires publiques de l'âge qui nous précède, ont été intimément liées aux affaires religieuses : Sleidan, Gennepius et

Laurent Surius en ont écrit l'histoire. Là doivent se lire, pour les catholiques, l'histoire de Luther par Cochlée, et pour les réformés de la confession d'Ausbourg, celle du même par Mathieu. On lira aussi les lettres d'Erasme, de Ph. Mélanchton, celles du premier surtout, qui fut un homme plein d'amour pour la paix. Nous recommanderons encore l'histoire de la confession d'Ausbourg de Chytrée, la *Concorde discorde* d'Hospinien, et aussi la *Concorde concorde* d'Huter, l'histoire du concile de Trente de Suavis Polan, c'est-à-dire de Paul Sarpi, celle de Venise sur laquelle a porté son jugement l'auteur des *Trois dissertations historiques du concile de Trente*. Nous citerons en tête de tous, Jean Augustin de Thou, le Tite-Live de notre âge, homme qui ne le cède en mérite à aucun ancien dans son admirable histoire. Pour ce qui regarde la Belgique, nous avons deux excellents ouvrages historiques, l'un d'Emm. de Meteren, et l'autre, d'Hugues Grotius le Tacite moderne. Pierre Bizarrus a décrit, dans les annales Belges, la guerre de

Chypre entre la Turquie et les puissances confédérées. On doit lire, pour notre siècle, Grammond, et sur la guerre Allemande Caraffa, qui a fait la *Germania sacra restaurata*, ainsi que le court mais très-bon auteur de l'histoire Allemande, qui comprend les événements écoulés depuis les premiers commencements de la Bohême jusqu'à la prise de Leipsick, par Torstenson, sans omettre Bogeslas de Chemnitz (si ce n'est pas là un nom supposé) qui a raconté les événements de l'histoire d'Allemagne avec quelques développements. Il est certains passages de Grammond, sur des faits contemporains, qui ont été supprimés, à ce que j'apprends, et qui ne reparaîtront que quand il n'y aura nul danger à les produire. On loue encore l'histoire de notre temps dont Vict. Syrus est l'auteur. Je ne dirai rien du *Théâtre*, ni du *Journal Européen*, vastes collections qui grossissent sans cesse. Mais on doit surtout rassembler les actes publics qui paraissent dans diverses occasions, les manifestes, libelles et autres écrits où peut être puisée la connaissance des affaires. Hortleder en a recueilli, dans son ouvrage *Des causes de la guerre en Allemagne*, ainsi que Lundendorp et son continuateur Meyer, dans sa *Collection des actes publics*, reimprimée dernièrement. Alors qu'une controverse a été agitée dans un ouvrage de droit public, il faut que le Jurisconsulte donne ses soins à la connaître, et de là, il sera au fait de questions aussi importantes que celles-ci : *Des motifs de la tutelle du Palatinat*, de Donawert, de Brunswic, d'Erfurth, du droit de couronner entre Mayence et Cologne (1) et autres, qui ont été l'objet d'une discussion renommée. On consultera là-dessus, avec fruit, l'ouvrage que dernièrement a fait paraître Jean Th. Sprenger, *de Pretensionibus*

(1) L'archevêque de Mayence, depuis Othon Ier jusqu'à Conrard II, avait été en possession de couronner les Empereurs d'Allemagne. L'archevêque de Cologne lui disputa ce droit sous prétexte que la ville d'Aix la Chapelle, où devait se faire le couronnement, était de son diocèse. Après de longs débats un accord fut conclu, le 25 juin 1657. (*Droit public germanique*).

illustribus, où se trouvent éclaircis beaucoup de points controversés. Quoique Dominicus Arumæus (1) et Jean Limnéus (2), ayent disserté dans de nombreux volumes sur des questions de droit public, ils y ont mêlé tant de choses étrangères, puisées dans le droit civil, dans l'histoire ou la philologie, que je ne doute pas quece qui s'y rapporte réellement, ne soit très-facilement renfermé en un seul volume. J'exécuterai ce travail quelque jour sous ce titre : Abrégé du droit public d'après Arumœus et Limnéus, et tâcherai de n'y mettre rien d'inutile sans y omettre rien de nécessaire. Qu'on lise en attendant Lampadius (3), sur qui, le savant Her. Conring (4) nous fait attendre des notes

(1) Arumæus, né dans la Frise, professa le droit à l'académie d'Iéna.

(2) Limneus, né en 1592 à Iéna, et mort en 1666, a laissé plusieurs ouvrages de droit public. Celui dont parle ici Leibnitz est en 5 vol. in-fol.

(3) Né dans le Hanovre en 1593, et mort en 1649.

(4) Né à Norden en 1606, fut professeur à Helmstadt, en droit et en médecine tout à la fois. Il a laissé un grand nombre d'ouvrages sur l'une et l'autre de ces sciences.

depuis long-temps. Qu'on lise encore en tête de l'ouvrage très-remarquable d'Hypolitte de Lapide, *de Ratione statûs in domum austriacam* (1), le commentaire de Jean Wolfang Textor et celui d'Etienne de Mozambano (2), qui est plus récent, ils sont tous les deux très-dignes d'attention.

Il serait bon qu'on écrivit une histoire de l'Hérésie depuis les premiers commencements de la séparation des églises jusqu'à nos jours. Erasme de Rotterdam, Ph. Mélancthon, Martin Bucer, Julius Pflug, évêque de Naumbourg, ont essayé une conciliation d'opinions et avec eux beaucoup d'autres, par la sagesse de qui elle eut été opérée, si elle eut été possible. De là ont tenté une réunion de communions et ont révélé les moyens d'y atteindre Georges

(1) Nom supposé qui d'après les docteurs Allemands, cache un Conseiller du Roi de Suède, que les uns appellent Camerarius et les autres Chemnitz.

(2) Puffendorf, qui s'est déguisé sous ce faux nom, comme l'a reconnu Leibnitz lui-même dans un autre ouvrage.

Cassandre, George Wicelius, André Fricius Modrevius, le cardinal de Lorraine, dans le colloque de Poissy avec Théodore de Beze, Jacques Acontius dans l'ouvrage de *Stratagematis satani*, Marc-Antoine de Dominis, Pareus, dans son *Irenicus*; de Thou, dans la préface de *ses Histoires*; Calixte, dans les *Mémoires de l'Académie d'Helmstadt*, Dreierius, dans ceux de *l'Académie de Kœnigsberg*, l'auteur (mais celui-là n'est nullement supportable) de *l'Irenicus Irenicorum*, dans sa discussion avec Comenius, l'Ecossais Jean Durœus, Jean Mathieu, évêque Suédois, dans son *Ramus olivœ septentrionalis*. Enfin, il ne faut pas ignorer ce qui s'est passé dans les dernières conférences de Ritteln et de la Marche, où furent montrées des dispositions si pacifiques. Je répéterai ici ce que j'ai dit plus haut, qu'il est nécessaire que le Jurisconsulte connaisse toutes ces choses là, afin d'apprendre à juger les controverses et à ne pas lancer inconsidérément ses foudres contre quiconque différerait d'opinion ou de culte avec lui.

De la Jurisprudence historique passons à l'exégèse. Quoique l'exégèse soit en quelque sorte de l'histoire, puisqu'elle recherche quelle a été l'opinion du législateur sur un fait, néanmoins, comme elle embrasse une multitude de choses, elle mérite d'être traitée séparément. Elle se compose de deux parties : l'une qui sort du texte et résulte de diverses dispositions réunies, dans un ordre différent de celui du code, l'autre qui s'applique au texte et s'y tient étroitement liée. Celle-là appartient à la philologie du droit, par imitation de la philologie sacrée de Sal. Glassius, celle-ci aux commentaires du droit.

La philologie du droit, consiste dans l'application des principes de la science à la Jurisprudence, et elle se divise en grammaire, didactique, rhétorique (à celle-ci se rapporte la poétique) histoire, ethnico-politique, logique, métaphysique, physique légale, toutes choses dont nous avons traité dans notre *Specimen quœstionum philosophicarum ex jure collectaram*, et dont on pourra également prendre connaissance dans les *Manipuli juris* de Ch. Woldenberg, Jurisconsulte de Rostock. Si nous pouvons exécuter le projet que nous avons conçu, nous tenterons un jour de faire un ouvrage complet sur cette matière, que nous n'avons fait qu'esquisser, sous le titre de *Philologie et Philosophie légale*. Nous sommes d'autant plus favorisés pour cela, que nous possédons une foule de documents précieux, qui nous ont été révélés par l'observation des faits.

Dans la grammaire légale, doivent passer en première ligne les *Concordances juridiques*. Jusques à aujourd'hui, les Jurisconsultes ont été, dans cette partie, surpassés par les Théologiens. Je ne voudrais pas, cependant, qu'on poussat cette étude jusqu'à la minutie où le portent ceux-ci. Il suffirait, à ce qu'il me semble, de noter les endroits les plus remarquables, et parmi eux l'usage le plus particulier du terme. Car, qu'est-il besoin de recueillir des choses de nature entièrement semblable? qu'on remarque surtout, 1° la *signification des mots*; 2° leur *étymologie* ; 3° leur *Juxtaposition*, quand des substantifs sont associés ensemble, comme *Vis et potestas*, la force et le pouvoir (on a observé que cela arrivait souvent, et voyez pour exemple la définition de la tutelle); 4° les *Epithètes*, quand les adjectifs sont réunis ; 5° les *significations contraires* ; 5° les *Constructions* ou la déclinaison : *v. g.*, les Jurisconsultes se servent du mot *Vis* au génitif : *Hujus vis*. On le voit, les concordances Juridique ne sont pas autre chose qu'un index de mots.

Le lexique juridique est ce genre d'ouvrage, dans lequel on rapporte à un terme les dispositions qui, quoique se trouvant dans les livres de droit, ne sont pas désignées sous ce terme : *v. g.*, toutes les fois qu'on cite le Synonyme d'un mot ou sa périphrase, sans qu'on cite le mot lui-même, il n'y a pas lieu à le classer parmi les concordances, mais dans le lexique. C'est à cette partie de la philologie qu'appartiennent les *Homonymies* qui doivent être recueillies des divers passages de lois qui les renferment. Le lexique ne convient pas seulement aux textes mais encore aux livres des interprètes, et il rapporte l'usage des mots d'après eux, parce que, de notre temps, l'opinion commune de nos docteurs modernes a souvent plus d'autorité que la loi romaine, pour la décision des controverses. Il serait aujourd'hui moins nécessaire de faire de nouveaux lexiques, que d'augmenter les anciens, tels que ceux d'Oldendorp, de Schardius (1), de Calvin (2), de Speidelius. Ce dernier, après avoir copié Calvin et n'avoir rien mis de neuf dans le lexique qu'il a publié, a cru devoir y mettre son nom dans un accès d'ambition fort peu louable. Pour ce qui concerne le droit Allemand nous avons les *Observationes* de Wehner, le *Thesaurus practicus* de Besoldus (3), les

(1) Né en 1535, fut habile philologue et savant historien. Il mourut à Spire en 1573.

(2) Jurisconsulte du 16.e siècle, il professa le droit à Heidelberg.

(3) Né dans le 16.e siècle, il fut professeur à l'université de Tubingue et à Ingolstadt.

Notabilia de Speidelius. Il a paru une édition in-folio de cet ouvrage, avec des additions sous le titre de *Speculum*. Le savant Diotheric (1) de Nuremberg, s'occupe en ce moment aussi d'une nouvelle édition augmentée de Besoldus, et comme les mots qui se présentent dans ces divers lexiques sont Allemands, Barbares ou bien sont un mélange d'Allemand et de Latin, on doit lire à ce sujet les auteurs qui ont écrit des commentaires sur les termes Allemands, tels que J. Goropius, Becan, dans ses divers écrits; Jh. Pontanus dans ses *Origines*; *Schottelius*, dans ses *Mystères des mots Allemands* et beaucoup d'autres cités par Schottelius. Gerard Jean Vossius a recueilli les termes latins barbares, dans son de *Vitiis sermonis*, et Meursius les termes Grœco-barbares dans son Glossaire. Il est aussi d'autres parties appartenant à la grammaire que l'on doit étudier ici. On pourra le faire en lisant *l'Orthographia legalis* d'O-

(1) Jurisconsulte du 17e. siècle; il a écrit divers ouvrages de droit.

linger, et le passage de *Ratione scribendi* dans les Pandectes Florentines, passage fait avec beaucoup de soin et d'exactitude, et qui porte le cachet de l'antiquité. On ne négligera pas de lire les *notes* (1) des anciens que l'on trouve répandues dans leurs ouvrages. J'ai dans l'idée d'avoir vu quelque part un écrit d'un vieil auteur, sous ce titre : *De notis*. Il faut ajouter à ces lectures la lettre de Juste Lipse sur les *Notes* et le commentaire qu'à écrit sur elle Meisner recteur en Misnie. On n'oubliera pas de se pénétrer de certaines locutions juridiques critiquées par Laur. Valla et défendues par Budée (2). Bien plus, il a paru à Ant. Mathieu, dans son *Collegium fundamentorum juris*, qu'on ne devait pas négliger d'étudier les *Priscianismes* (2) du droit. Nous devons égale-

(1) Ducange définit ainsi les *notes* : *signa verborum quibus vox integra intelligitur.*

(2) Budée, fameux jurisconsulte et philologue habile du 15e. siècle, son traité *de Asse*, dont Leibnitz a parlé plus haut, est surtout estimé.

(1) Priscien était un grammairien du 6e siècle, très-

ment en cet endroit parler de quelques étymologies ridicules : *v. g.*, selon Varron, *Fundus*, fond, vient de *Funda*, fronde, parce qu'on peut lancer la terre et les pierres qui s'y trouvent avec la fronde; *Irenarchus* (1) selon Accurse (2) vient *d'Iram arcere*, parce que les Irenarques réprimaient la violence. Enfin, le mot de Latran (église de Latran) vient, au dire de je ne sais plus qui, de *Latens rana*, grenouille cachée, etc., etc. (3).

On pourrait recueillir, des écrits des anciens Jurisconsultes, beaucoup de détails très-précieux sur la rhétorique dans ses rapports avec

renommé, qui donna son nom à certaines formes du langage.

(1) *Irenarques.* Commissaires de police chargés de la recherche et de la I.re poursuite des délits. (Guizot, essai sur l'histoire de France.)

(2) Fameux jurisconsulte du 15.e siècle; né à Florence. Voir M.r de Savigny hist. du droit Romain au moyen âge, Lerminier, ouvrage déjà cité, et Gravina, sur le caractère de sa Glose.

(3) On dit plus généralement que c'est parce que Néron fit périr en ce lieu le consul Laterranus, que depuis le nom lui resta de *Latran.*

le droit. A l'imitation de Barth. Westhemer, qui a fait un travail sur les tropes de l'Ecriture Sainte, je m'étonne que personne n'ait encore écrit sur les tropes des lois à l'exception de Woldenberg néanmoins, qui a rassemblé quelques métaphores, adages et vers consacrés dans la glose. Il serait bien de former un recueil de formules propres au droit, et qui exprimeraient comment on doit commencer, finir, critiquer, réfuter et louer, dans l'exposition d'une matière. Alors les jurisconsultes auraient leur style à eux comme les théologiens ont le leur, et ce ne serait pas un médiocre avantage. Là viendraient se classer les *adages de droit*, selon Brandes, qui énonce cette idée dans son traité *de verâ jurisprudentiâ*. Woldenberg a donné un essai de ce genre d'ouvrage comme Martin Del Rio et Zehner l'ont fait, pour l'Ecriture Sainte, et Aloys. Novarinus pour les Pères de l'Eglise. On pourrait, sur le caractère ou sur la forme du style légal, dire beaucoup de choses qui en vaudraient la peine. On noterait les différences qui peuvent exister sous ce rapport entre le digeste, les constitutions des Empereurs Romains et celles des Empereurs Grecs, qui sont écrites d'une manière plus lâche et plus diffuse; d'où vient qu'un esprit un peu exercé reconnaît, au style, Tribonien, qui cherche à mettre ses propres idées sous le couvert de quelque ancien jurisconsulte. Il faut aussi que l'on fasse attention aux vers, qui fortuitement et contre la volonté même des auteurs, ont échappé à leur plume. En ont consigné quelques-uns Bachman et Helvicus dans la poétique de Giessen; Godefroy dans ses *Notæ;* Barthius dans ses *Adversaria*, et Vossius dans ses *Institutiones oratoriæ.*

La didactique du droit est le genre d'ouvrage auquel appartient le livre que nous composons en ce moment. Elle s'occupe de la méthode qui doit présider à la classification et à l'enseignement des matières juridiques. A elle se rapportent les *Répertoires mnémoniques* dont il est de deux sortes, en vers comme le *Memoriale juridicum* de Bucksylber, et en figures peintes ou seulement dessinées. Il y a eu des commentateurs, qui ont imaginé de représenter le droit sous l'élégant costume d'une jeune fille dont les robes et les parures reproduisent ses titres divers dans un ordre convenable. Il en a même été un qui a essayé de figurer par un âne toutes les matières légales. Cette ridicule conception pourrait en vérité s'appeler le pont aux ânes. Mais ce qu'il y a de plus utile pour la mémoire, c'est d'user d'une méthode solide et exacte. Les divisions par degrés appartiennent à la didactique et nous citerons, à cette occasion, un ouvrage qui a paru il y a quelque temps à Heidelberg et dans lequel les lois se trouvent distribuées en cinq degrés d'utilité et de nécessité. Ce travail pourra admirablement servir à celui qui étudiera le *Corpus juris*, car c'est un excellent indicateur des dispositions les plus utiles et surtout les plus nécessaires qui s'y trouvent. Il serait bien que dans quelque nouvelle édition du *Corpus* on usât de signes propres à faire connaître cette division, car ainsi le lecteur saurait d'un coup-d'œil ce qu'il doit lire ou passer. On y ajouterait la nomenclature des lois les plus difficiles à entendre et de celles qui sont étudiées avec le plus d'ardeur, comme dit Woldenberg, dans son ouvrage précité : *Manipuli Juris*.

Nous avons déjà touché quelque chose de l'histoire légale dans le §29, où à l'occasion de l'histoire externe qui est plutôt une chose qu'il est bon de savoir qu'une partie essentielle de la Jurisprudence, nous avons parlé de l'histoire interne; maintenant nous devons nous occuper de ce qui est plus particulièrement approprié en elle à l'exégèse. En classant les lois du digeste d'après le nom de leurs auteurs, au moyen des épigraphes, Jacques Labitte a fait de telle sorte, par son *Index*, que Paul, Ulpien, Caius, Modestin ne nous apparaissent plus par lambeaux, mais dans un ordre complet et naturel. Le même Jurisconsulte a montré par des exemples, les avantages de plus d'un genre, qu'on pouvait retirer d'un pareil travail. Le plus grand qui en résulte est sans doute que l'enchainement du texte étant par là révélé, une chose explique l'autre, et les contradictions apparentes s'effacent. Le catalogue des lois abrogées de Bigonius appartient encore à l'histoire légale. Les erreurs de mémoire que n'ont pu éviter des hommes d'un mérite éminent, telles que celles qu'a commises Pomponius sur le titre de *Or. Juris*, ou plutôt, comme l'a soutenu Hottman, Tribonien sous le nom de ce fameux Jurisconsulte, sont aussi de son domaine.

L'Ethique et la Politique légale ont eu pour écrivains Olinger, dans son *Ethica legalis*; Vincent Turturet, dans ses parallèles Ethico-juridiques; Ad. Keller, dans son *Offic. Jurid. Polit.*; Bodensteinius, dans sa *Jurisprudentia Politica*. Rutger Rutlan a recherché et développé beaucoup de faits relatifs à l'Ethique et à la Politique dans son ouvrage *de Commissario*. Jacques Godefroy, dans son Manuel, a recueilli certains axiômes la plupart Ethico-politiques, et il ne leur manque qu'un ordre systématiquè qu'il est très-facile d'y apporter. On pourra ajouter à cet ouvrage les Maximes

Ethico-politiques qui se trouvent dans les *Manipuli Juris*, déjà cités plusieurs fois. La Physique du droit a été expliquée avec quelque étendue dans les Questions medico-légales de Paul Zachias, et dans la *Methodus testificandi in quæstionibus medico oblatis* de Jean Baptiste Codronchius. Nous avons donné une esquisse de Géométrie légale dans notre *Specimen quæst. Phil. ex Jure quæst.* 3. On trouvera dans les lois des faits nombreux d'Arithmétique; voyez toutefois Budée dans son ouvrage de *Asse*, Jean Baptiste Costa dans son traité de *Quotâ et ratâ*, et nous-même en notre art combinatoire Prob. 3 N.° 16.

Mais la Métaphysique et la Logique du droit doivent être l'objet d'une sérieuse étude : elles consistent en quelques axiômes philosophiques qui règnent dans la science; et que mal-à-propos on confond d'ordinaire avec les règles de droit. Plusieurs auteurs les ont recueillis, et nous citerons parmi eux Fr. Hottman, dans ses *Institutions de Dialectique*, J. Th. Freig., dans sa *Logique des Jurisconsultes*,

Martin Schickard, dans sa *Logique juridique*; Nicolas Vigelius, Matthieu Etienne et Dan. Otto *dans leurs dialectiques de droit*; Nicolas Everhardi, dans *ses Loca legalia argumentorum*, et Georges Ad. Bruner, dans son Synopsis des Topiques d'Everhardi : enfin nous ajouterons à cette liste Jean de Felde, qui dans ses notes manuscrites sur les Topiques d'Aristote a expliqué presque tous les principes de cet ouvrage, qui sont assez nombreux, par des exemples puisés dans les matières du droit; et nous dirons que cette œuvre, qui n'a pas encore vu le jour, est tout-à-fait digne d'être remaniée et imprimée. Les auteurs dont nous venons de parler ont donné leurs soins à tirer des règles philosophiques de la science juridique. Chemin faisant, et çà et là, les jurisconsultes d'un siècle de barbarie, ont dans leurs commentaires fait le même travail, et leur zèle à déduire de la loi des propositions générales était tel, qu'à la fin il ne reconnaissait plus de bornes et devenait presque une superstition. Quoi de plus barbare en effet que cette règle?

Error communis facit jus. L'erreur commune fait le droit. Cependant, il ne faut pas que cet abus nous fasse rejetter l'usage des règles et des brocards comme Jacques Cujas et Claude Cautiuncula (1) l'ont trop vivement conseillé. A la logique du droit appartiennent les manières propres au Jurisconsulte de définir, diviser, former des cas au moyen de l'art combinatoire, les *subtilités du droit* de Paul Busius, (2) les méprises logiques et les pétitions de principes, dont on peut voir quelques exemples dans la dissertation de *Collegio fundamentorum Juris*, où ils ont été insérés par son auteur Ant. Matthœus, ainsi que les syllogismes pêchant en la forme. Là appartient encore la question de la méthode à suivre dans chaque matière, dans chaque titre; et l'on observera à ce sujet, que celle du Digeste est assez bonne tandis que celle du Code est nulle, car

(1) Fleurit vers 1530. Voyez la liste de ses écrits dans la Biographie de Melch. Adam.

(2) Né à Zwoll, a laissé plusieurs commentaires sur les lois Romaines et plusieurs traités dogmatiques sur diverses matières.

Tribonien a suivi pour celui-ci, non l'ordre des choses, mais celui des temps.

La Logique du droit comprend aussi la conciliation des antinomies. Mais auparavant il y a lieu à résoudre cette question problématique : y a-t-il, à proprement parler, des antinomies ? Pour moi, je n'en doute pas plus que je ne doute de la vérité de cette sentence d'Horace,

Atque opere in magno fas est obrepere somnum.

Et cela me parait d'autant plus vraisemblable, que dans un ouvrage où il y a eu plusieurs collaborateurs, il est bien à croire qu'ils n'ont pas tous suivi les mêmes errements. Bien plus, quiconque admet qu'il se retrouve, dans le Digeste, des vestiges de l'ancien droit, admet, par cela même, qu'il doit s'y trouver des antinomies : car Justinien voulait que l'on supprimât l'ancienne Jurisprudence, et Tribonien avoue qu'il donnait tous ses soins à remplir ses vues à cet égard. Que dirai-je des dissidences d'opinions qui règnent parmi les

Jurisconsultes ? Il est telles lois sur le sens desquelles ils sont divisés, et leur propre dissentiment se retrouve souvent dans une autre page du Digeste. Tous les professeurs, si nombreux qu'ils soient, enseignent cela, et qu'y a-t-il encore une fois d'extraordinaire ? Il appartient à la seule Ecriture Sainte d'être la même en toutes ses parties. L'art de résoudre les antinomies consiste en cela, que nous soutenons que le prédicat ou le sujet diffère dans telle proposition ou loi de telle autre proposition ou loi, ou bien qu'ils sont identiquement semblables entr'eux, et d'autant de manières Aristote a prouvé que la différence et la similitude pouvaient être démontrées, d'autant de manières diverses peuvent être résolues les antinomies. Nous donnerons plus de développements là-dessus dans un commentaire spécial que nous publierons un jour sous ce titre : *Art de résoudre les antinomies*. Les anciens Glossateurs, avant Accurse, ou même de son temps, ont fait autrefois un recueil des antinomies les plus remarquables. Fort peu, depuis lors, ont été reconnues et ajoutées à la liste qu'ils ont dressée ; mais c'est tout récemment qu'on a trouvé moyen de concilier les difficultés qu'elles offrent avec plus de force et de raison. Accurse abonde, il est vrai, en conciliations, mais ces conciliations sont presque toutes sujettes à controverse, et il le confesse lui-même par son perpétuel *Vel dic.* Il était digne de ces grands Jurisconsultes qui ont porté la science si haut, il était digne, dis-je, de Duaren (1) de Cujas, d'Hottman de trancher la plupart de ces nœuds gordiens. Hub. Wan Giffen (2), Pacius (3) dans sa nomenclature des propositions qui semblent contradictoires, ont fait un seul corps de ces conciliations diverses et avec eux

(1) Disciple d'Alciat, il sut tirer parti dans son interprétation des découvertes de Budée, dans les antiquités romaines.

(2) Né en Belgique, a enseigné dans les universités d'Allemagne, mort en 1604.

(3) Né à Vicenze en 1550. Professa le droit à Montpellier, à Aix, à Valence, à Padoue. On a de lui *De juris methodo*, *Economiæ juris*, *etc*, *etc*.

Nicolas de Salis dans ses *Sicilimenta juris*, Nicolas de Passeribus qui se vante, dans son livre, de ne pas avoir laissé une antinomie sans solution, et après eux une foule d'autres moins connus. Nous désirerions un recueil, qui ne dépassât pas quatre petites feuilles, et où l'on ne renfermerait qu'une seule solution pour chaque antinomie, et, s'il n'y en avait point à donner, où on en instruirait brièvement le lecteur. Nous entreprendrons quelque jour, si nous en avons le loisir, sous le titre *d'Antinomique mineur*, un tel abrégé qui sera fort utile pour celui qui étudie le droit. Quant au titre d'*Antinomique majeur*, nous le réservons pour l'ouvrage où se trouveront développées les différentes solutions données par les auteurs, avec l'énonciation des motifs dont ils les ont appuyées.

Nous avons achevé ce qui concerne la philosophie et la philologie des lois, qui sont les bases préliminaires de toute interprétation. Arrivons maintenant à l'interprétation elle-même, qui est, ou simultanée d'une loi avec l'autre, ou isolée, de chaque en particulier. A l'interprétation simultanée se rapporte l'explication des lois par série, somme et paratitles.

La *série des lois* ne peut exister sans série de titres. Les séries de titres ont été faites par divers auteurs dans leurs divisions juridiques, et notamment par Wesembech (1) et Wan-Giphen. Schmuch dans son Synopsis de droit civil et canonique, ouvrage très-substantiel, s'est servi de tables, moyen qui a été négligé par la plupart des autres. Parmi les travaux les plus récents de ce genre, on loue beaucoup les tables de Jean Otton Tavora, et la série des titres de droit civil qui a été insérée dans le Manuel de Jacques Godefroy, excellente composition où se trouve résolu plus d'un point difficile, d'après l'histoire et l'ordre de l'édit perpétuel. La série des lois de chaque titre dans le Digeste et le décret (2), peut être ramenée à un ordre puisé

(1) Né à Anvers en 1530 et mort en 1586, fut appelé de son temps *Juris peritus christianorum*. Il enseigna le droit à Iéna et à Witemberg.

(2) C'était la législation relative aux matières canoniques.

dans la nature des choses et de même à des tables analytiques; ce dont ne sont pas susceptibles le Code et les Décrétales (1), dans lesquels les rescrits sont rangés selon l'ordre des temps. Mais jusqu'à aujourd'hui nul n'a été si loin que de réduire les lois en tables analytiques, et nous avons été en cela surpassés par le zèle studieux des théologiens, qui ont poussé la chose au point de mettre en vers leurs tables analytiques.

La somme vient après la série de titres et elle est générale ou particulière. La somme générale embrasse tous les livres de droit, à savoir : les Pandectes, le Code, les Novelles, le droit Féodal, le droit Pontifical, et les Recez de l'Empire. (2) On peut l'appeller, Instituts de tout le droit, et elle diffère des

(1) Voir la note 2, de la page 89.

(2) Anciennes constitutions du corps Germanique, établies par la volonté de l'empereur et les membres de la diète. On les appelle ainsi parce qu'elles étaient publiées avant la séparation de la diète et le départ de l'empereur.

éléments de droit décrits §. 23 et suivants, en ce que de ces deux sortes d'ouvrages, l'un doit renfermer l'ancien droit et les dispositions abrogées, tandis que l'autre ne doit comprendre que les textes encore en vigueur. On suivra du reste le même ordre que dans les éléments, afin de ne pas troubler l'intelligence des étudiants par le changement des méthodes.

La somme particulière s'exerce, ou sur les livres, ou sur les titres. Celle qui s'exerce sur les livres varie en raison des ouvrages de droit. Dans le *Corpus Juris* de Godefroy (1) se trouve placé un Compendium des Institutes de Justinien, fait avec soin; mais comme l'ordre primitif des titres et des lois y a été conservé, c'est plutôt une somme des lois qui sont dans les Institutes, qu'une somme des Institutes. Le savant Arnold Corvin a mis le Digeste et le Code en aphorismes. (1) Gudelin a rassem-

(1) Denys Godefroy, père de Jacques Godefroy auteur du Manuel et d'un Commentaire sur le Code Théodosien.

(1) Né en 1550, et mort en 1619, il enseigna à Louvain.

blé en un seul corps d'ouvrage les Novelles. Les Institutes de droit canonique, auxquels Lancelot (1) a porté un mérite de composition très-rare, ont été à la satisfaction générale, insérés depuis sa mort dans le corps de droit canonique. Il existe aussi des Institutes de droit canonique par M. Ant. Cuchus et des aphorismes de droit canonique par le même Arnold Corvin. Herm. Vultejus a publié les Institutes du droit féodal, et il en a fait lui-même un abrégé qui se trouve à la fin de son grand ouvrage. On est encore à désirer des Institutes du droit impérial, ou un compendium des Recez de l'Empire et des ordonnances de la chambre Impériale (2). J'en dirai autant des Institutes du droit Saxon, qui doivent être faits

(3) Jurisconsulte né à Vérone dans le 16e siècle, et mort en 1591, a laissé en outre des Institutes de droit canonique plusieurs traités de droit civil.

(2) La chambre impériale fut établie par l'empereur d'Allemagne, mais du consentement de l'empire, et l'empereur ne pouvait ni annuller ses décisions, ni suspendre, ou réprimander ses assesseurs que conjointement avec l'empire.

d'après le corps de droit Saxon. Je suis fort étonné de cette double lacune, et je ne la comprendrais pas, si je n'imaginais que personne ne cherche à la combler, dans la pensée qu'un autre le fera, de telle sorte que le temps ainsi s'écoule sans aucun résultat. Quelque jour, nous essayerons, s'il plait à Dieu, les Institutes du droit impérial et ceux du droit Saxon, à moins qu'un plus habile ne nous prévienne. En attendant on pourra lire pour le droit impérial, surtout si l'on veut connaître la procédure, *les Pandectes de la chambre,* par Rodinger; et pour le droit Saxon le Synopsis des Institutes de Justinien, de Georges Schulze, où se trouvent, par forme de comparaison, les dispositions de droit Saxon, qui correspondent aux lois Romaines.

La somme de titres qui est dans le *Corpus juris* commenté de Godefroy, est incomplète, inutile et sans méthode. En effet elle est inutile et sans méthode, puisqu'elle poursuit l'ordre des lois sur chaque titre; incomplète, en ce qu'elle pose seulement les termes de la proposition, non la proposition entière. J'aime bien mieux les analyses de Jul. Pacius, de Beriga, dont une nouvelle édition augmentée vient de paraître en Belgique. Nous donnerons l'essai d'un titre abrégé du Digeste, du Code et des Novelles. Une somme de tous les titres est surtout nécessaire dans le Code et les Novelles, qui renferment les dernières constitutions des Empereurs, car le texte de ces lois ne fait pas seulement perdre le temps du lecteur; mais trouble encore ses idées par ses développements sans fin, ses longs préambules et je ne sais quelle surabondance abusive de Rhétorique.

Nous avons choisi le titre 3. liv. 3. du Digeste, *de procuratoribus et defensoribus*, titre qui se compose de 78 lois, et est écrit dans un style très-laconique. Néanmoins, en extrayant les principes généraux, nous avons serré la matière de telle sorte, que toutes les lois des titres découlent naturellement de nos quelques règles. « Le Procureur est celui qui a consenti à administrer les affaires d'un autre; lequel, de son côté, a consenti à le laisser faire. Mais il faut se souvenir qu'il est ici surtout question du procureur judiciaire. Celui qui a le droit de régir ses affaires peut nommer un procureur, l. 8, 33, 35, § 1; l. 48, §. 1. Celui contre qui ne s'élève aucune prohibition peut-être nommé procureur, l. 43, pr. § 1. Il s'élève des prohibitions contre : 1.° Le soldat qui ne peut figurer en un procès, (à moins qu'il n'agisse au nom de son corps, ou pour une affaire qui lui est personnelle, l. 8, § 3); 2.° La femme (à moins qu'elle n'agisse pour ses parents dans un cas de nécessité actuelle), l. 41; 3.° Tout individu qui est désigné, alors qu'un autre l'a déjà été avant lui pour la même gestion, l. 31, § 2, l. 33; 4.° Celui qui serait nommé simultanément par plusieurs personnes, dont les intérêts seraient opposés dans la même cause, l. 43, § 6. Le procureur est constitué par le mandat du maître, l. 27, 47, de son consentement propre, l. 1, § 2, l. 3, 5, 6, 7, 8, § 1, ou par sa contestation au procès, après quoi est tardive l'exception dite *procuratoire*, l. 8, § 3, l. 40, § 3, l. 57 § 1. Ce contrat a lieu dans toutes les causes civiles, si ce n'est dans celles qui en ont été spécialement exceptées. Ont été exceptées, l'action publique quand l'intérêt privé ne s'y trouve pas lié, l. 42, 45, § 1, l. 74, et d'ordinaire l'action qui touche l'honneur, (1) l. 39, § 7. De là, découle l'obligation du procureur envers le maître du mandat, l. 42, pour gérer les affaires de celui-ci, l. 15, et lui restituer les profits de sa gestion, l. 46, 34, envers l'adversaire pour prendre jugement, si le maître a promis de ratifier ce qu'il aura fait, l. 8, § 3, l. 17, à moins qu'une nécessité urgente de part et d'autre, l. 8, § 3, l. 9, 19, 21, ou un intérêt majeur, l. 10, 20, ou une inimitié survenue entre le maître du mandat et le procureur, l. 14, 21, ou une dignité à laquelle le dernier a été promu, l. 8, § 3, ou la présence du maître, l. 10, 11 ne le libèrent, si toutefois il n'y a pas péril en la demeure, l. 12. Il est tenu aussi du

(1) Action dite *famosa*.

jugé vis-à-vis de l'adversaire, s'il est intéressé dans le procès, ou s'il s'est présenté, sachant qu'il n'y avait pas de caution fournie, l. 61. En second lieu, il résulte de ce que nous avons dit plus haut l'obligation de l'adversaire d'ester en jugement avec le procureur comme avec le maître, (voir cependant, l. 29, 43, § 35,) si lorsqu'il se présente pour le demandeur, il fournit la caution de ratification, à moins qu'il ne soit un des enfants, parents, frères, alliés, affranchis du maître du mandat l. 35, pr. l. 40, ou que celui-ci ne déclare qu'il ratifiera tout ce que fera son procureur, ou, si lorsqu'il est pour le défendeur il s'engage à payer le jugé l. 39 § 4. Le mandat pour la fin contient bien les moyens nécessaires, 456, 62; cependant, quoique général il ne comprend pas l'autorisation de transiger, l. 60. En troisième lieu il résulte l'obligation de l'adversaire, ou de ses cautions envers le maître, de telle sorte que celui-ci ait contr'eux l'action utile, l. 27, § 2, l. 28, à moins qu'il ne soit procureur dans sa propre affaire, l. 56.

Ilsuit, enfin en quatrième lieu, l'obligation principale du mandat envers le procureur, l. 42, 46, § 5, 6, à moins que celui-ci (s'il n'est pas forcément dans le procès, s'agissant d'un cas personnel, l. 33, § 5, l. 34, l. 79) n'ait refusé de défendre, l. 33, § 4, l. 35 pr. § 2, l. 43, § 4, Tout homme peut défendre l. 34 § 2 quand il posssède les qualités requises, l. 54 en toute sûreté l. 51, un absent d. l. 34, § 2, s'il donne la caution de ratification, l. 39, § 7, l. 40 § 2, l. 76 et celle de payer le jugé, l. 28, 46, § 2, l. 35, 76, s'il l'a fait postérieurement, il est tenu de défendre l. 43, 36, à moins qu'il n'intervienne une des causes de libération dont il a été question plus haut l. 43, § 6, l. 44. Défendre c'est être au lieu et place du défendeur, l. 35, § 3, l. 51 § 1. La procuration s'éteint par les dispenses ci-dessus énumérées; par la libre volonté du maître, avant que le procès soit entamé, l. 16, soit de toute autre manière, soit si un second procureur est nommé, soit si deux procureurs étant nommés ensemble, la diligence de l'un rend la mission de l'autre inutile, l. 1, § 1, l. 3, 32. Mais après la contestation du procès, le procureur ne peut être changé que par décret du préteur, pour les motifs qu'il peut faire valoir à titre de dispenses, pour suspicion, l. 17 et suiv. jusqu'à la loi 27. Toutefois un procureur ne peut être révoqué s'il est intéressé dans l'affaire, ou s'il use du droit de retenir.

Nous avons choisi le titre 5, l. 6 du code *de caducis tollendis*, qui à la difficulté de la matière joint celle d'une diffusion de style peu commune. Nous avons extrait la substance de ce titre ainsi qu'il suit : « Si les biens laissés par le défunt, § 14, viennent à rester sans maître par la mort de celui à qui le préteur en avait déféré la possession, ou par la non-réalisation de la condition, (quant à ceux qui ont été légués à quelqu'un qui était décédé, ou sous une condition qui avait fait défaut lorsque le testament a été fait, la disposition est réputée non écrite), cela arrive du vivant du testateur, et alors les biens sont dits en *quasi-caducité*, ou après son décès, mais avant l'ouverture de sa succession, et alors ils sont appelés *caduques*. Dans l'ancien droit le jour de l'ouverture de la succession était celui de l'ouverture du testament, § 2. Mais Justinien a statué que la succession serait ouverte par la mort du testateur, à moins qu'il ne s'agit d'un legs à jour incertain, car alors il est bien sûr qu'il faut attendre l'échéance de ce jour, § 7. L'hérédité de celui qui n'est pas sien et les affranchissements sont compris dans la même disposition, § 1. Dans l'ancien droit, par la loi Papia Poppœa, portée sous Auguste, les biens caduques étaient rapportés au fisc, quand le trésor public se trouvait épuisé par la guerre, *pr.* § 1. Mais Justinien, soit qu'il s'agit de biens dont la donation fut réputée non écrite, soit de ceux dits *quasi-caduques*, soit de ceux appelés caduques, a décrété que tout arrivât au *substitué*, ou à *l'héritier conjoint*, § 3, 4, 5. au *substitué*, c'est-à-dire, à *l'héritier conjoint par les paroles*, et au *cohéritier avec les charges*, § 11, non attachées à la personne mais transmissibles, § 9, essentiellement au cohéritier, s'il veut accepter la succession et pour une portion non virile; mais d'hérédité, § 10. Il a également décrété que tout passât à *l'héritier conjoint par la chose*, non grevé de charges, § 11; mais toujours, par préférence, à *l'héritier conjoint par les paroles*, § 10. Enfin, au défaut de tous ceux-ci les biens restent chez celui par qui ils ont été laissés, et s'il ne laisse pas d'héritier, ils sont alors dévolus au fisc.

Nous avons abrégé la 3.e *Novelle*, qui a pour titre *de Monachis*. « Pourra être moine quiconque aura passé trois ans dans un monastère, sans porter des habits comme un laïc, afin de montrer que ce genre de vie ne lui messied pas; ce qui n'empêche pas le maître, pendant ce laps de temps, de reprendre son esclave, qui se serait réfugié dans le monastère, après s'être rendu coupable de crime, c. 2. Les trois ans écoulés, il commence à être moine et les biens qui lui appartiennent deviennent la propriété du couvent, c. 6, de telle sorte cependant que le quart en soit dévolu à ses enfants, c. 5. Le monastère une fois construit sera ainsi consacré : l'Evêque élèvera ses mains au ciel, et sanctifiera le lieu, par une oraison et un signe de croix, c. 1. Les moines auront un seul réfectoire et un seul dortoir. L'abbé sera choisi par l'Evêque parmi les religieux du monastère, c. 9. Cesse d'être moine, celui qui retourne de son propre gré dans le monde; (mais pour le punir, on le placera parmi les appariteurs du Juge de la province, c. 6.) De même, celui qui se mariera, (ce qui est permis, si on n'a pas dépassé le grade de chantre ou de lecteur,) sera exclu des emplois et de la milice, c. 8. Le passage d'un monastère à l'autre est défendu, c. 17.

Les *Paratitles* sont un système de lois sur la même matière, puisées dans divers titres. Ils ne sont pas comparables à la somme; mais ils ne le cèdent pas en importance aux livres de lois eux-mêmes. Ils se divisent en universels et particuliers. Les Paratitles universels sont ceux que l'on forme de tout le corps de droit. Il est peu d'auteurs, qui en aient composé de tels. Je citerai cependant les *Commentarii juris civilis* de Doneau (1), ainsi que la *Methodus juris civilis* de Nic. Vigelius, ouvrage très-utile et très-bien fait. Quant aux *Paratitles* particuliers, il en existe de Wesembech et de Cujas sur le Digeste et le Code séparément, de Meyer sur le Digeste seulement, dans le *Collegium argentoratense*, auquel a coopéré en grande partie Vigelius, et de Peresius, (2) sur le code. Bachovius (3) et Hahnius ont enrichi de suppléments Wesembech. Je ne veux pas énumérer les travaux presque analogues d'une foule d'autres auteurs, parce

(1) Voyez la notice intéressante de M. Lerminier, dans l'ouvrage déjà cité plusieurs fois, *l'Introduction à l'histoire du droit.*

(2) Peresius, espagnol de naissance, enseigna le droit au 17ᵉ siècle, à Louvain.

(3) Jurisconsulte du 17ᵉ siècle, il professa la Jurisprudence à Heidelberg. On a de lui, en outre de l'ouvrage cité par Leibnitz, un commentaire sur les Institutes, et un traité sur les hypothèques et les gages.

que je crois qu'il suffit de nommer ceux dont je conseille la lecture.

Nous voici maintenant arrivé à l'interprétation isolée et spéciale du texte, ou aux commentaires proprement dits. Il y en a un si grand nombre sur les Institutes, que le Sund lui-même en serait comblé. On estime beaucoup ceux d'Hottman, de Baudouin, (1) de Bachovius, de Vinnius, de Ludwell. (2) Mais si nous aimons le vrai, nous trouverons avec Cujas, que les Institutes ont à peine besoin de commentaire, et qu'il suffira de mettre en marge du texte, des notes très-courtes, ainsi que l'ont fait Crispin, Pacius, et même Arn. Vinnius (3) dans la petite édition qu'ils en ont publiée.

(1) Né à Arras dans le 16e siècle, il a laissé de nombreux ouvrages de droit, et a joui de beaucoup de réputation autrefois.

(2) A laissé un commentaire sur les testaments, en outre de celui dont parle ici Leibnitz.

(3) Vinnius. Son commentaire a été remis en honneur dans l'enseignement par un de nos plus habiles professeurs de droit romain.

Nos anciens Jurisconsultes ont laissé sur le Digeste et sur le Code des commentaires considérables, et nous citerons parmi eux, Barthole (1), Balde (2), Jason (3), Decius (4), en qui l'on trouve, entre beaucoup d'idées fort communes des vues quelquefois très-remarquables; mais qui pour être découvertes exigent beaucoup de sagacité. Les travaux de Budée, de Zasius, de Duaren sont de vrais monuments d'érudition, auxquels nous devons la restauration de plus d'un passage des lois. Cujas suivant une autre marche, a mis à part chacun des Jurisconsultes dont les opinions sont confondues pêle-mêle dans le Digeste, et

(1) Barthole. Son interprétation est très-subtile. Sa méthode est un mélange de spéculation et de pratique.

(2) Elève de Barthole, il fleurit dans le 14e siècle. Son interprétation est comme celle de son maître, plus subtile que solide, selon Gravina.

(3) De l'école de Barthole. Professeur à Milan, il y mourut en 1519.

(4) Jurisconsulte du 15e siècle, il professa les *Institutes* dans plusieurs universités d'Italie.

il les a commentés séparément. De-là ses commentaires sur Paul, Papinien, Modestin, etc. Ceux qui sont venus après les auteurs que nous venons de nommer en ont écrit rarement de textuels, et ils se sont contentés de faire des *Paratitles*, ou ont dirigé leurs travaux vers la Polémique. Il faut en excepter toutefois Brunneman (1), qui dernièrement a donné un très-bon exemple de zèle laborieux, en publiant un commentaire où toutes les lois du Code se trouvent rangées et interprêtées méthodiquement, et qui promet un travail pareil sur le Digeste. Au reste, Denys Godefroy, homme d'un immense savoir dans la Jurisprudence romaine, comme l'a dit de lui Casp. Barthius, a fait de telle sorte que nous n'avons presque plus besoin de nouveaux commentaires textuels : car il a rassemblé avec une admirable exactitude les observations, soit des anciens glossateurs et commentateurs, soit des

(2) Né à Berlin dans le 17ᵉ siècle, il enseigna la Jurisprudence à Bâle.

hommes les plus instruits du dernier siècle : d'où il conviendrait moins de rédiger de nouveaux commentaires, que d'ajouter des suppléments aux anciens, suppléments que l'on rédigerait d'après les écrits des Jurisconsultes de ce siècle, comme le promet le titre du *Corpus juris* de Godefroy, publié en Hollande. Je trouve à redire à ce que les notes renfermées dans une ancienne édition de Godefroy soient insérées encore dans une nouvelle, parce que alors, ou on n'achète pas celle-ci, ou l'autre devient inutile. Il vaudrait mieux qu'à l'imitation des *Flores sparsi* de Grotius, on imprimât à part, et comme un supplément à l'ouvrage de Godefroy, les notes nouvelles, en suivant l'ordre des textes. Avant de quitter ce sujet, il faut remarquer, que si les théologiens nous ont surpassés dans presque tous les points où il est possible d'établir une comparaison entre leur science et la Jurisprudence, nous devons à Godefroy, d'avoir montré que quelquefois nous leur étions supérieurs : car jamais on n'a vu sur le texte de l'Ecriture, comme sur celui des lois, des notes si fréquentes, si pleines et si briè-ves en même temps. Wallée a commencé un travail de ce genre sur le nouveau Testament ; mais il est encore bien loin de Godefroy. De leur côté les Théologiens ont des *bibles numérotées*, comme on peut le voir dans les manuscrits de Dorschée, dont plusieurs personnes possèdent des copies. Nous n'avons pas encore des lois *numérotées*, c'est-à-dire, des lois sous lesquelles se trouvent notés les auteurs qui les ont expliquées, titre par titre, ou livre par livre, si ce n'est toutefois un code de ce genre, que possède Marci, chancelier de Magdebourg et premier Echevin de Leipsick.

L'interprétation d'un texte spécial est réelle, ou textuelle. L'interprétation réelle déduit d'une loi des propositions certaines, et les traite d'une manière absolue, par preuves, objections et solution des objections contraires, s'il y a lieu. D'un côté, on attaque, de l'autre on se défend. On prouve son opinion, par des autorités et des raisons. Les autorités sont puisées, ou dans d'autres lois, ou dans des passages analogues, ou dans les écrits des Jurisconsultes, ou dans les décisions des tribunaux; à quoi se rapportent les *Conseils*. Les objections ont lieu de diverses manières. Quant aux lois contraires dans l'espèce, elles donnent naissance à ce qu'on appelle une antinomie. Enfin il est différentes raisons, pour et contre une opinion.

L'interprétation textuelle, est celle qui suit pas à pas les dispositions de la loi, et elle se divise en *totale*, sur la loi toute entière, ou *partielle*, sur chacun de ses termes. L'interprétation *totale* montre la liaison de la loi, avec les autres lois, indique quel a été son auteur, les circonstances, au milieu desquelles elle a été portée, enfin embrasse sa division et son sommaire, c'est-là que se rapportent *l'incription* et la *suscription*, qui font connaître celle-là, l'auteur de la loi, celle-ci, le lieu et le siècle, où elle a été en usage. Il appartient à l'histoire de raconter, comment on est parti de cette loi, combien de temps elle a duré, ce qui s'est passé de remarquable à son occasion, comment quelque vieux fourbe a abusé de ses termes, et là on dira : *v. g.*, en quel endroit se trouvent dans les lois ces règles de droit : *vivre honnêtement, accorder à chacun ce qui lui appartient, ne faire du tort à personne.* On pourra remarquer à ce sujet le mot piquant de Barclay, qui dans son *Satyricon Euphormionis* a dit qu'il voulait dresser un catalogue des lois abrogées, et qu'il y placerait en tête les trois maximes juridiques que nous avons citées. On n'oubliera pas aussi de consigner, où se rencontre ce passage, où il est dit, qu'il est permis à un esclave de sévir sur son propre corps, d'où quelques-uns ont voulu induire que le suicide était permis en droit Romain ; et à ce propos, on notera ce qui suit : un homme de Nuremberg objectait les dispositions de ce texte à un théologien, qui cherchait à le consoler de son humeur noire, et comme celui-ci n'avait rien à répliquer, si ce n'est qu'il en était autrement d'après le droit divin et naturel, le malheureux confirmé dans son idée, se donna la mort.

Voilà pour ce qui concerne l'interprétation totale. L'interprétation partielle consiste à fixer le texte, et à l'expliquer ensuite. On fixe le texte, par diverses leçons et par la critique, dont les règles ont été exposées par Scioppius d'une manière très-remarquable. L'explication du texte fixé a lieu, soit nécessairement par une autre langue, soit indifféremment par la même, ou une autre. La version Grecque de nos lois est très-utile à l'interprétation : car les paraphrastes et les scholiastes Grecs ont eu des éditions plus anciennes que les nôtres, et ils ont connu plus exactement l'histoire de notre législation. De-là vient qu'on estime tant la version des Institutes de Théophile. Les Basiliques sont une version de l'autre droit. Je ne dis rien des Novelles, dont le texte original est Grec. C'est des Novelles, qu'ont été tirées *les Authentiques*, et ces extraits ont été attribués à Irnerius par l'opinion commune; mais Strauch a démontré que c'était à tort dans une dissertation, *Irnerius non errans*, qu'il a opposée à l'écrit de Wisembach, *de erroribus Irnerii* (1). Il y a long-temps que des hommes distingués par leurs lumières ont tenté de faire une version Allemande du droit, et ils ont eu pour promoteur de ce travail, Ernest de Saxe-Gotha aussi éminent par sa piété que par sa sagesse. C'est une œuvre très-difficile, surtout pour le Digeste, à cause du naturel et de la briéveté inimitables du style. Mais toutes les fois que je songe que les auteurs les plus renommés pour leurs réflexions rapides et profondes, Salluste et Tacite, se sont avec tant de vérité, personnifiés avec les Germains dans leurs écrits, il me paraît que l'entreprise est plus

(1) Le débat n'en est pas resté là, comme Leibnitz l'a cru; et jusqu'à ces derniers temps, la question de savoir si Irnérius était ou non l'auteur des Authentiques, est restée controversée. M. de Savigny, *Histoire du droit romain au moyen âge*, pense qu'Irnérius est l'auteur de la plupart d'entr'elles, que ses successeurs en accrurent le nombre, et qu'Accurse le fixa définitivement.

vaste qu'ardue, surtout lorsque je vois que les *miroirs* de Saxe et de Souabe, (1) les *Recez* de l'Empire, le style actuel des cours rendent assez bien, pour des Allemands, des termes de droit, et que je sais que dans nos plus fameux tribunaux, il faut donner ses soins à ne pas insérer un mot de latin dans la rédaction des jugements.

L'interprétation qui a lieu indifféremment, soit par une autre langue soit par la même, ou elle développe le sens, et elle est dite paraphrase, ou elle applique les règles du discours aux termes de la loi, et elle est dite analyse. La paraphrase est au discours ce que la définition est au mot. Il ne suffit pas qu'elle ait lieu par des termes synonymes; mais il faut que ces termes soient plus clairs. Là, entr'autres choses,

(1) Ce sont les recueils des usages de la Saxe et de la Souabe. Le premier, connu sous le nom de *Sachsen-Spiegel* ou *Speculum Saxonicum*, date du 12e siècle, et il servit de modèle à l'autre. Ils n'avaient pas de caractère obligatoire, mais ils étaient suivis dans la pratique, comme étant dans les mœurs et les habitudes nationales.

doit se rapporter la *formation des cas*, et nous recommanderons Accurse comme très-habile en cetté partie. Au reste, les préceptes pour pénétrer dans le sens réel de la loi sont très-étendus. Just. Brauen a écrit là-dessus sa *Commonefactio logica*, qui a été imprimé à Rostock par Boddenius et Ber. Gosman, ouvrage qui sous la forme d'une logique, ne cache rien moins qu'une hermeneutique très-spéciale, mais trop courte et trop dépourvue d'exemples qui éclaircissent les difficultés. On peut encore consulter avec fruit, la *Philosophia interpres scripturæ*, dont l'auteur anonyme paraît attaché aux doctrines d'Arminius. On ne doit pas dédaigner ce qu'ont écrit sur le même sujet, Etienne de Fédéric et Alciat (1), l'un dans son de *Ratione interpretandi leges* et l'autre dans son de *Verb. signis*. Il faudra également consulter les Rhéteurs dans ce qu'ils enseignent sur le style judiciaire, sur la diction, les

(1) Alciat, connu par ses fameux *Emblemata*, plus encore, peut-être, que par ses écrits de jurisprudence.

antimonies et autres choses du même genre.

La source de toute hermeneutique se révèle à moi comme il suit. La paraphrase est, ainsi que nous l'avons dit, ce que la définition est au mot. Pour faire donc une paraphrase, ou pour interpréter une phrase, qu'on pose d'abord les définitions de tous les termes ; et comme un terme peut être à double sens ou susceptible d'être défini différemment, qu'on s'efforce de voir quelle est la définition avec laquelle il peut se combiner, ou combien de combinaisons peuvent se faire, ou de celles-ci du moins combien sont possibles avec lui, rejettant celles qui sont inutiles. Mais afin qu'on puisse choisir du moins la combinaison véritable, qu'on la rapproche de ce qui précède et ce qui suit, des passages semblables de l'histoire ; qu'on observe le lieu, le temps, où l'auteur a vécu ; qu'on ait soin de l'expliquer d'une manière conforme au bon sens, parce que dans le doute, il n'est pas présumé s'être trompé, à moins que d'autres choses ne le prouvent, et s'il s'agit d'un écrivain sacré, que l'on repousse toute interprétation qui serait contredite par la raison et l'histoire, c'est-à-dire, par la vérité. Qu'on fasse attention de même à l'intention, aux affections, à l'esprit, au génie d'un auteur: *v. g.*, un homme sage n'est pas présumé avoir inséré dans un testament une absurdité, une inutilité ou un non-sens; d'où il faut en concevoir l'explication dans le sens de la validité de l'acte. L'intention d'un auteur est de parler quelquefois obscurément, quelquefois explicitement : *v g.*, les oracles, les Pytagoriciens, les faiseurs d'énigmes et les alchimistes au langage toujours mystérieux; et de là si on a à expliquer leurs ouvrages, il faut éviter le sens qui se présente le plus naturellement à l'esprit. De même, il faut observer l'accent de celui qui parle, et la main de celui qui écrit. Si après toutes ces observations aucune paraphrase n'est supportable, alors il est nécessaire de transposer des lettres et d'user des procédés de l'art stéganographique ou cryptographique. Il faut remarquer si le texte n'est pas corrompu, ou si ce n'est pas le cas d'une exception particulière, s'il n'est pas des termes qui doivent être négligés, d'autres au contraire qui sont omis ou qui sont superflus, et si l'on ne doit pas se servir d'autres tropes, c'est-à-dire, essayer de changer non pas seulement les figures de diction, mais encore celles de pensée. Que si aucune paraphrase, aucun sens ne sont possibles le passage est dit obscur ; si plusieurs le sont au contraire, il est dit ambigu. Ordinairement cependant, il est toujours une combinaison qui paraît la plus vraisemblable si l'on considère les circonstances. De tout ce que nous venons de dire, il résulte en peu de mots que la source de l'herméneutique est double. 1°. On doit combiner les variétés de chaque locution, phrase, période, membre de phrase, tant entr'eux qu'avec les circonstances de la matière, afin qu'il puisse apparaître quelle est celle qui est possible ou du moins probable, s'il en est plusieurs de possibles ; 2°. Si aucun sens ne se révèle par ce moyen, il faut alors modifier légèrement les termes et les figures du texte soumis à l'interprétation, d'après les lois de la vraisemblance.

L'analyse est l'application des règles du discours au passage à interpréter. Il en est de plusieurs sortes : l'analyse *Grammaticale*, *rhétorique et logique*. L'analyse grammaticale embrasse les termes en eux-mêmes, leur ortographe, prosodie, étymologie, leurs combinaisons d'après les règles de la syntaxe, leur accentuation et la ponctuation des phrases. D'autre part elle comprend la signification des termes, leur *dérivation*, leur *juxtaposition*, leurs *épithètes*, leurs *oppositions*, leurs *synonymes*, leurs *périphrases*, *V*. plus haut § 44, 45, 46. *L'analyse rhétorique* contient les figures de diction, de pensée et autres choses dont il a été question ci-dessus § 47 ; en outre, les mouvements et les passions qui animent et caractérisent le discours. *L'analyse logique* renferme les définitions, divisions, propositions, syllogismes, non pas seulement sous le rapport de l'invention ou des lieux d'où ils ont été pris, mais aussi sous celui du raisonnement ou des axiomes fondamentaux auxquels on doit les ramener. Il ne faut pas s'étonner si certaines des règles que nous venons d'exposer rentrent dans la philologie du droit, car plus haut nous avons présenté sous une forme générale les principes dont nous parlons ici d'une manière toute particulière. Comme dans une *Antinomique* on recueille toutes les antinomies, ce qui n'empêche pas que sur chaque texte en particulier, les difficultés de ce genre ne doivent être résolues, de même dans la philosophie et la philologie du droit, il convient que l'on cite et rassemble sous un point de vue général les diverses sources auxquelles puisent les lois; mais non qu'on en fasse l'objet d'une étude spéciale; ce qui est réservé plus particulièrement à la partie que nous traitons en ce moment.

Ainsi donc, nous avons montré avec briéveté, mais non sans quelque clarté et profondeur, quelles étaient les bases de l'interprétation et nous avons indiqué la voie, (c'est du-moins notre espoir), à ceux qui, ayant dejà une légère teinture de philosophie, se livrent à l'explication des textes de droit, comme c'est l'usage dans les universités : car on trouvera dans notre méthode la substance de ces deux vers, qui renferment les règles dont on use communément dans l'interprétation des écoles :

Præmitto, scindo, summo, casumque figuro
Perlego, do causas, connoto et objicio.

Ce qui est exprimé par *Præmitto* appartient à l'interprétation textuelle totale, § 64; par *Scindo*, à l'analyse logique § 67; par *Summo*, à l'interprétation simultanée § 53 et suivants, par *Casum Figuro*, à la paraphrase § 65, 66; par *Perlego*, à l'analyse grammaticale et à l'analyse rhétorique § 67 par *Do causas et objicio*, aux propositions principales qu'on extrait du texte, par *Connoto*, aux propositions secondaires et tous deux à l'interprétation réelle. Terminons par quelques réflexions sur le mode à suivre dans l'emploi de ces formes diverses, de l'exégèse des textes. Je pense que l'on doit employer l'analyse grammaticale, rhétorique et logique quand il se présente quelque cas rare et digne d'attenttion: car l'analyse est plus particulièrement dévolue à l'enseignement du premier âge. Il serait à souhaiter que les personnes qui ont l'intention de se vouer à l'étude du droit, apprissent la grammaire, la rhétorique et la logique dans des livres de droit; celles qui se destinent à la théologie dans les bibles de Castellion; à la médecine, dans les œuvres de Gallien et de Celse, et celles des docteurs modernes, dont les écrits méritent l'attention. Quant à l'interprétation réelle, il faut distinguer, ou le commentaire est écrit sur le texte seul: *v. g.*, celui de Beust *Ad. L. Admonendi de jure jur.* Celui de Del Rio. *Ad. L. transigere*, celui de Jacq. Godefroy *Ad. L. Rhod de jactu*, celui de Richter *Ad authentica habita C. ne filius propatre*, et dans ce cas, il est permis à cause du peu qu'il y a à dire de se jetter dans la matière contenue dans le texte, et de la traiter d'une manière réelle et absolue (on disait autrefois de cette interprétation, qu'elle était faite *avec solennel apparat*); ou bien le commentaire est écrit sur tout le livre, et alors à cause de la multitude de choses qu'il y a à dire quelquefois, on doit se contenter d'extraire seulement les propositions du texte et d'annoter les controverses auxquelles il donne lieu. La preuve de ces propositions doit seulement se faire par la citation des passages analogues, et la défense doit avoir lieu par la solution des passages contraires. Mais sous le rapport tant des propositions que des controverses, il est permis à l'interprète de renvoyer le lecteur aux auteurs qui ont traité la question d'une manière réelle et absolue; exception faite des discussions qui ont été agitées sur le sens de la loi, et qui sont à proprement parler dans ses attributions, et doivent être résolues par lui d'une manière complète. Que la solution de l'antinomie ait lieu sur la plus obscure des deux lois, et celle qui est par conséquent le siège véritable de la difficulté; qu'un renvoi soit placé à côté de l'autre.

Enfin nous avons parcouru en entier, le vaste champ de l'Exégèse; et il nous semble, parvenu au terme de notre course, que nous ressemblons à un voyageur, qui, arrivé au détroit de Gibraltar, aurait devant ses yeux l'Océan à traverser, car la carrière de la polémique s'aggrandissant chaque jour, et à chaque moment, ne peut se comparer qu'à une étendue de mer sans bornes. Le Jurisconsulte doit donner ses soins à parcourir les régions connues, c'est-à-dire, à recueillir et à décider lui-même les espèces déjà agitées; et quand il sera jetté sur de nouveaux rivages; ou pour mieux dire, quand des cas non résolus viendront à se présenter, il parviendra facilement à les résoudre, avec l'aide du droit naturel.

Nous allons maintenant traiter des principes, qui doivent présider aux décisions nouvelles, en même temps que de la collection qu'on doit faire de celles-ci. Les principes qui doivent présider aux décisions nouvelles, doivent être puisés dans le droit naturel et l'analogie. Si nous examinons la chose avec attention, nous verrons que le droit civil est plutôt une affaire de fait que de droit, puisqu'il faut démontrer qu'il est, non une conséquence de la nature des choses, mais de l'histoire : car il faut prouver que la loi a été promulguée, l'usage introduit, ensuite que le législateur tenait ses pouvoirs en fait et par le consentement général, et comme il est de droit certain que là, où il n'y a pas eu de convention primitive, on est sous l'empire du droit naturel, de même il est évident que là, où le législateur n'a pas fait connaître ses intentions, il faut juger selon les principes de la loi naturelle. Si ceux qui rendent des décisions faisaient attention à cela, ils résoudraient facilement les difficultés qui se présentent; mais ils regardent bien plutôt aux cas décidés par la loi civile, et ils argumentent d'une matière à une autre, d'où résulte la plus horrible confusion. Je pense donc qu'il est plus sûr de s'en tenir aux règles immuables du droit naturel. Cela me semble bien plus convenable en effet que si, quelqu'un voulait, par-là, adoptant le système contraire, appliquer aux ânes les statuts sur *l'Eviction des chevaux*. Il y aurait quelque doute en ce qui concernerait les mulets. Je pense néanmoins que ces statuts leur seraient inapplicables, parce que la progéniture suit la race de la mère, et qu'ici la mère est une ânesse. Il faut cependant recourir quelquefois à des lois civiles, dont l'analogie avec les cas à résoudre, se tire, soit des termes mêmes du texte, soit des intentions du législateur. L'analogie se tire des termes mêmes du texte, quand le législateur a, une fois pour toutes, ou dans une matière certaine, déclaré qu'il voulait que cela fut ainsi. Ainsi sur le premier point il est reçu en droit saxon, par une longue habitude de décisions en ce sens, que les cas douteux doivent être résolus plutôt par analogie avec les lois existantes, que par le droit naturel. Sur le second point : *v. g*, il a été établi par les règles du droit civil que ce qui est dit des hommes, s'entend également des femmes, à moins qu'il n'y ait une dérogation spéciale ou tacite. L'analogie se tire des intentions du législateur, toutes les fois qu'il y a même motif d'un côté comme de l'autre. Ainsi l'ancien droit saxon décide que le prêtre a *le mobilier des femmes* (1). On demande maintenant, si un chanoine, qui n'est pas à proprement parler un prêtre, puisqu'il n'est pas nécessaire qu'il reçoive le sacrement de l'ordre, peut être placé dans la même classe ; et nous répondrons que l'intention du législateur l'a voulu ainsi, parce que, comme les femmes et les prêtres, les chanoines ne peuvent posséder *le mobilier de camp*, car la guerre leur a été interdite, l'effusion du sang humain leur faisant contracter une incapacité, qui les prive de prébende. Mais comme, en définitive, il y a deux modes de

(1) Le mot du texte que nous avons traduit est *gerada*. Dans le miroir de Saxe, L. 3e art. 15, on trouve : *qui res expéditorias, hoc est, arma, bellica, postulet agnatus ex parte gladii esse debet, ad ustensilia vero seu geradam cognatus, i. ex parte fusi seu mulieris duntaxat admittitur.* Ce terme vient de *ghereed apparatus.* Il est un traité d'André Goldbert, imprimé à Iéna en 1607, *de successione Geradœ Saxonicœ.*

décider les espèces particulières, le droit naturel et l'analogie; et comme toutes les fois que le législateur n'a pas exprimé son intention, pour savoir s'il y a lieu à argumenter d'une matière à l'autre, il faut considérer s'il y a similitude de motif, et comme encore le motif de la loi dépend de cette partie de la politique qu'on appelle *Nomothétique*, il résulte que le Jurisconsulte qui siège dans les tribuuaux, doit avoir pour guides de sa marche, *le droit naturel* et la science de la *Nomothétique*. Quant aux cas déjà décidés, on apprend à les connaître par l'histoire des actes et par l'exégèse.

Nous ne parcourrons pas les détails, mais seulement les principes généraux du droit naturel, en commençant par exposer les opinions des autres, et en finissant par donner la nôtre. Parmi les philosophes qui ont écrit sur ce sujet, nous citerons parmi les anciens, Platon, Aristote, Epicure, Cicéron, et parmi les modernes, Hug. Grotius, Sforce de Padoue (1),

(1) Mort en 1626. Il occupa divers emplois à la cour de Rome.

Th. Hobbes, Jn. de Felden, Robbert Sharock. Platon a fondé le droit sur l'intérêt public, et dans sa *République*, il combat Trasymaque, qui soutient que le juste, c'est ce qui est utile au puissant (1). Aristote, et avec lui les Stoïciens ont posé comme base de la loi naturelle, de *vivre conformément à la nature*, et ont appelé juste tout ce qui tendait à produire l'état le meilleur et le plus parfait. Epicure a prétendu que le droit naturel est tout ce qui est utile, à savoir, tout ce qui produit la volupté de l'âme et la douce quiétude de l'esprit. Cicéron, dans ses *Offices* et autre part, fait choix de ce principe fondamental sur la même matière, que nul n'est né pour lui seul, que la patrie, les parents, les amis peuvent chacun de leur côté revendiquer une partie de nous-mêmes.

Hug. Grotius enseigne que le droit naturel est ce qui s'accorde avec la nature des rapports

(1) Selon la remarque fort juste d'un traducteur du dialogue de la République, le système de Trasymaque et de Hobbes sont semblables.

de l'association civile, ou tout ce qui est compatible avec l'état social. Il admet donc que l'homme est sociable de sa nature, en quoi il diffère de Hobbes, qui le nie. Sforce de Padoue, dans son ouvrage *de Bono*, après avoir beaucoup discuté, s'arrête à cette opinion que tout ce qui convient à la nature est juste ; mais par nature, il entend le principe de l'action et du repos, principe qui est le caractère essentiel de la sagesse, puisqu'il n'y a rien au monde de si beau, ni de si bien réglé. Th. Hobbes dans ses *Elementa de Cive* (1), où il fait usage de la plus subtile dialectique, procède de cette manière. « La condition des hommes est de ne pas avoir de supérieur, ou d'en reconnaître un, c'est-à-dire d'être en société. Ne pas avoir de supérieur, c'est vivre en cet état, ou règne

(1) Hobbes naquit à Malmesbury en Angleterre, en 1588, et mourut en 1679. Son livre *de Cive*, dont il est ici question, parut d'abord en 1642; mais il en fut publié en 1647, une édition revue et augmentée. Descartes a fait de cet ouvrage une critique solide dans ses lettres.

le droit de tous sur tout, ou le droit de guerre. Mais comme cet état est pernicieux, la raison inspire aux hommes de se disposer à la paix, c'est-à-dire, de se réunir en corps de cité, autant que cela est en eux-mêmes, et quand une fois la société est organisée, le droit est ce qui est résolu par la volonté sociale. » Jn. de Felden dans ses *Elementa Jurisprudentiæ*, a abrégé et perfectionné la doctine d'Aristote. Scharock, dans son livre *de Officiis* pense comme Epicure, que le souverain bien est dans la volupté de l'âme, et qu'on doit éviter de commettre des fautes, parce qu'elles sont contraires à ses nobles jouissances, en ce qu'elles agissent sur elle, comme des coups de fouet sur le corps. Il suit que pour lui le *Criterium* du juste, c'est l'attrait ou la répugnance qu'éprouve la conscience pour certaines actions; d'où il pense que Dieu a créé notre âme de telle sorte qu'il y eut une antipathie entr'elle et le mal.

Nous concilierons ces opinions opposées entr'elles par le développement de la nôtre. Il est, selon nous, trois divers degrès de droit naturel, le *droit étroit*, *l'équité*, *la piété*. *Le droit étroit* résulte de la définition des termes, et il n'est pas autre, si l'on y regarde avec attention, que le droit de la paix et de la guerre : car entre deux personnes, il y a droit de paix autant de temps que l'une n'a pas commencé la guerre vis-à-vis de l'autre, ou ne l'a pas lésée, ce qui est identiquement semblable; mais entre une personne et *une chose*, il y a droit perpétuel de guerre, parce que *la chose* n'est pas, de sa nature, intelligente. Aussi, le lion peut déchirer l'homme, le rocher l'écraser sous le poids de sa ruine; d'où l'homme peut assujettir au frein le lion, et abattre le rocher qui menace sa tête. Or la victoire de la personne sur la *chose* par la soumission de celle-ci s'appelle possession. Donc la possession donne à la personne le droit réel par droit de guerre, pourvu que la chose n'appartienne à nul homme : car si elle était la propriété d'un autre, il ne serait pas plus permis de la dégrader, ou de s'en emparer, qu'il ne l'est de tuer les esclaves d'autrui, ou de leur offrir un asile en cas de fuite. Si donc on s'est permis une injure personnelle ou une violation de propriété, on donne à l'offensé un droit de guerre sur ses biens. Parmi les divers torts que l'homme peut faire, il en est un qui résulte d'une fraude, par laquelle on prive quelqu'un d'un avantage, qu'il avait droit d'espérer par suite d'un engagement ; d'où naît la nécessité de tenir ses promesses. De là, il résulte que l'unique précepte de *droit étroit* est de ne faire du tort à personne, afin de ne pas donner sur soi *le droit de guerre*. Là appartient la justice commutative et le droit que Grotius appelle faculté.

L'équite ou *égalité*, c'est-à-dire, le droit raisonnable et proportionnel de deux ou plusieurs personnes, consiste dans l'alliance et l'harmonie de leurs intérêts respectifs. Elle concorde avec les principes d'Aristote, de Grotius et de Felden. Elle veut que je ne poursuive pas une guerre à mort contre celui qui m'a lésé ; mais que je dépose les armes alors qu'une réparation m'est donnée, que l'on ne fasse à personne ce qu'on ne voudrait pas qui vous fut fait, que l'imprudence ne soit pas tant punie que le dol et la mauvaise foi, qu'on annulle les contrats entachés de fraude et que l'on secoure ceux qui ont été circonvenus. Du reste, l'équité elle-même commande l'observation des règles du droit étroit. Là se rapporte ce que dit Hobbes sur la paix. L'équité ne donne qu'un droit passif, ou donne, selon le style de Grotius, la capacité légale d'un côté; mais au contraire l'obligation pleine de l'autre. Ainsi, par ex. il est juste que celui qui, par des manœuvres frauduleuses s'est libéré de ce qu'il me doit ne soit pas moins obligé, mais l'action pour le poursuivre ne m'est pas acquise, car l'action, l'exception et toute demande en justice émane du droit étroit (à moins d'une disposition spéciale de la loi); toutefois il n'en est pas moins obligé à mon égard. De là ce précepte : *accorder son droit à chacun*. Toutefois, la loi ou le supérieur vient au secours de l'équité, et elle accorde pour ce qui la concerne l'action ou l'exception.

La troisième source du droit est la volonté du supérieur, et ici se rattache ce que disait Trasymaque dans le dialogue de Platon précité, que le juste est l'utile au puissant. Le supérieur existe par droit de nature comme Dieu, d'où naît la *piété* et par suite, le droit divin positif; et par droit de convention comme le souverain, d'où découle le droit civil. La piété est donc le cinquième degré de droit naturel et elle complète et cimente le reste : car Dieu par cela même qu'il sait tout et qu'il est souverainement sage, désire confirmer le droit strict et l'équité, et parce qu'il est tout puissant, ses désirs s'exécutent. Là coincide l'utilité du genre humain, bien plus, l'harmonie et la beauté du monde avec la volonté du Créateur. De ce principe fondamental, il suit qu'il n'est pas même permis d'abuser des bêtes et de quoi que ce soit de créé, et sur cette doctrine, on lira avec intérêt les méditations de Sforce de Padoue. De ce qu'il n'est pas permis d'abuser de soi-même, parce qu'on appartient à Dieu, dont le pouvoir est sans limite sur nos personnes, se déduit ce précepte : *Vivre honnêtement*. Comme le droit étroit et l'équité manquent de lien physique, l'intervention divine fait que tout ce qui est utile au genre humain et au monde, le soit également à chaque individu en particulier, et ainsi que tout ce qui est honnête soit avantageux, et tout ce qui est malhonnête dommageable. Sa toute sagesse nous révèle qu'il destine au juste des récompenses et au méchant des peines, et la raison de sa toute puissance démontre qu'il accomplira l'œuvre de sa destination. L'existence donc d'un être souverainement sage et puissant, ou de Dieu est le dernier fondement du droit naturel ; et cette existence, un jour nous en publierons une démonstration mathématique, qui dissipera les nuages dont les athées ont cherché à obscurcir la vérité.

Le Jurisconsulte a pour guide encore dans les décisions des cas nouveaux, la *Nomothésie* dont le principe est l'utilité générale, et qui est à l'état ce que la piété est au monde et à la société universelle. Voyez sur cette matière les réflexions excellentes d'Hopper, dans son *Sedevardus*, et de Conring dans la préface qu'il a placée en tête de l'ouvrage d'Hopper, et dans son écrit de *Civili prudentiâ et propolitico*. Le salut du peuple qui est la loi suprême de l'état, consiste dans le bonheur commun des citoyens comme but, et la conservation du gouvernement comme moyen. Car Lipse dit qu'il faut, en pareil cas, avoir égard à deux choses, la condition privée et l'état politique, ce que recommande aussi Boecler (1) dans sa dissertation de *Politicâ lipsianâ*. Un bon gouvernement est celui où règne une combinaison si heureuse de droit public et privé que d'avance on puisse prévenir tout changement. Le bonheur commun des citoyens consiste dans les biens de la fortune et les jouissances de la vertu, ou dans le bien-être de l'esprit et du corps, car la pauvreté rend les hommes méchants. *Aux jouis-*

(1) Né en 1611, dans la Franconie, il fut historiographe de Suède et professeur d'histoire à l'université de Strasbourg. Il est mort en 1692.

sances de la vertu appartiennent toutes les institutions publiques qui ont pour objet l'éducation et les habitudes de la vie privée comme principes de bonnes et de mauvaises mœurs, institutions par lesquelles les vices reçoivent leurs punitions comme les vertus leurs récompenses. *Aux biens de la fortune* se rapportent les lois somptuaires, les règlements sur le commerce, les manufactures, etc., etc.

A tous deux se rattachent les lois qui concernent le droit privé et l'ordre judiciaire : car si on accorde à chacun ce qui lui appartient on épargne une faute aux uns, et aux autres une perte de fortune. Mais ce n'est pas tout que chacun obtienne son droit, il faut encore que la chose puisse avoir lieu avec le plus de célérité possible. Ici se placent encore toutes les dispositions légales qui tiennent à la procédure. Sur ces divers sujets on trouvera d'excellentes réflexions d'Oct. Pisan, dans son *Lycurgue*, car cet écrivain a démontré comment en réglant les habitudes de la vie privée et l'éducation, les crimes pouvaient être prévenus, et comment, si les affaires sont portées publiquement devant des tribunaux, et consignées dans des registres publics, on peut éviter les procès. Sans doute nous n'en viendrons jamais à ce degré de perfection; mais dumoins que le Jurisconsulte donne ses soins à en approcher autant qu'il se pourra.

Jusqu'ici nous avons discouru sur les bases des décisions nouvelles. Parlons maintenant de la collection des décisions ou des controverses. Les principes sont ici plus faciles à exposer que l'exégèse, mais aussi d'une exécution plus difficile : car il n'y a pas eu autant d'essais, et il n'était pas nécessaire qu'il y en eut autant, mais seulement que leur mérite fut en raison de leur petit nombre. La collection des controverses est *abrégée* ou *étendue*. Examinons comment doit être faite une collection abrégée, et nous verrons ensuite comment elle l'a été. L'ouvrage qui renfermera cette sorte de collection s'appellera *Bréviaire des controverses*, à l'imitation du manuel de Becan et du bréviaire d'Huselman, chez les théologiens. Voyons donc quelle sera la *matière* et la *forme* d'un bréviaire de droit. La *matière* embrasse les questions ; 1° douteuses (ainsi on en exclut tout ce qui est textuellement décidé par les lois) ; 2° juridiques (ainsi ne doivent pas y être comprises celles qui ne sont que philosophiques et philologiques ; 3° de droit en vigueur (car les textes abrogés ne peuvent donner lieu à controverse), 4° les plus dignes de remarque, et à qui la controverse a donné quelque célébrité, (on doit réserver les autres pour les Pandectes).

La forme consiste dans la disposition des questions et dans la *manière de les traiter*. *La disposition des questions* doit être conforme à celle que nous avons adoptée dans les éléments. *La manière de les traiter* comprend l'exposition des raisons pour et contre. Qu'on cite seulement, de part et d'autre, les passages des éléments et des lois qui paraissent favorables à chaque opinion : car les éléments doivent être disposés selon la méthode géométrique, de telle sorte que toutes les questions puissent s'en déduire tout naturellement. Comme Isaac Barrow se sert de signes abréviatifs, de même si un argument du texte des éléments est pris de la *similitude*, du *contraire*, *de la cause*, *de l'effet*, *du genre*, *du tout*, *de la partie*, et de quelque autre lieu topique, qu'on use de signes certains pour le faire reconnaître. Par là on comprendra d'un coup-d'œil la nature de l'argument, et ce sera un aiguillon pour l'intelligence, sans qu'elle ait rien à perdre à pareil systême d'abréviation. Mais nous rendrons notre pensée plus sensible par des exemples. Que pour exprimer un argument du texte des éléments pris *du contraire*, on employe ce signe)(, *du semblable* ( ), *de la cause* o— de l'effet —o du genre ◡, de l'espèce ⌒ de la totalité ⊐ de la partie ⊂ ; et toutes les fois que deux lois ou deux passages des éléments présentent, par leur rapprochement, une conclusion légitime à tirer, on peut se servir du signe + : *v. g.* L. 20. D. V. O. + L. 10. D de leg. Qu'on cite les Jurisconsultes qui ont traité la question *ex pro-*

fesso et ont rassemblé, pour et contre, de nombreux et solides arguments, ainsi que ceux qui citent beaucoup d'autres auteurs.

Nous avons dit comment une collection *abrégée* devait être faite, il nous reste à dire comment elle l'a été. Il ne manque pas de livres de conférences, controverses, décisions, solutions, questions, thèses; mais rien de ce dont il vient d'être parlé ne remplira notre but si nous aimons la vérité : car si les questions *philologiques* : *v. g.*, sur l'origine et l'usage des mots, *historiques* : *v. g.*, sur les titres de l'empereur Justinien, sur les auteurs des lois, le temps où elles ont été portées, etc., etc., *philosophiques :* sur les définitions, divisions, sur la méthode, *physiques et tenant au fait* : *v. g.*, sur l'enfantement de huit mois, sur les signes de virginité, sur les preuves de l'innocence, de même que les textes tombés en désuétude, les dispositions usitées du temps de Justinien, de Théodose et de Constantin, si tout cela, dis-je, est éliminé de ces ouvrages, il ne restera que la moitié de chaque et peut-être moins encore. Mais qu'est-il besoin en vérité de s'enquérir de tant de choses qui ne sont pas de l'essence du droit, ou qu'est-il besoin de s'occuper avec tant d'ardeur de lois abolies, à moins que nous ne craignions peut être qu'un coup de baguette ne faisant revivre le passé, nous nous retrouvions tout-à-coup juges, assesseurs, professeurs et avocats sous Constantin, Arcadius, Honorius et Justinien. Je ne sais lequel auteur de ce genre d'écrits je puis recommander. Je laisse à chacun liberté de choisir entre Forster, Sutholt, Ludwell, Treutler (1), Hunius, qui a fait des *Resolutiones* et Hackelmam (2) des *Questiones illustres*, ouvrage bien commode surtout pour les citations. Je ne parle pas d'Arumée, de Fromann, de Locamer (3) et d'une foule d'autres qui ont

(1) Né en 1599. Il a laissé plusieurs ouvrages de droit, parmi lesquels : *Disputationes selectæ ad ad jus civile justinianeum, processus judicialis, etc., etc.*

(2) Né en 1563 et mort en 1619, enseigna à Leipsick.

(3) Né à Landau dans le 17 siècle, fut professeur de droit à Strasbourg.

travaillé sur le même plan ; ni de ces écrivains mixtes qui mêlent les préceptes, l'exégèse, l'histoire, les controverses. Néanmoins, je citerai parmi ceux-ci Struve ,pour son *Syntagma juris* (1) ; et préférablement à lui, dumoins dans mon opinion, Jn. Strauch qui, dans ses *Dissertationes Brunsvicenses*, abandonnant les traces de Justinien, a suivi la méthode naturelle et a distingué les éléments des controverses par la forme des caractères. Je le recommande d'une manière spéciale avec Ludwvell, Treutler et Schnobellius, qui a abrégé ce dernier.

Voyons maintenant comment a été rédigée la collection des controverses *étendue*, et comment elle doit l'être. Comment elle l'a été, est chose facile à voir. A ce sujet appartiennent les jugements rendus par les divers Tribunaux, Rotes, Parlements : *v. g.*, par les Rotes de Rome, de Génève, les cours du Piémont, de Toulouse ; les coutumes du pays de Frise de Sandée, celles de Belgique de Guill.

(1) Né à Magdebourg en 1619, et mort à Iéna en 1692 conseiller de justice.

Grotius, celles de Paris de Dumoulin, les décisions des tribunaux de Pologne de Royz, celles des tribunaux de Savoie de Fabri, (1) celles de la chambre Impériale de Gail (2), Mysinger (3), Gylmann, les coutumes de la Marche de Scheplitz, les décisions de la faculté de droit de Leipsick, dans les *Observationes* de Sigis. Finkelthusius, celles de la faculté d'Iena qui ont été recueillies par Richter, ainsi que celles de l'Echevinat de Leipsick qui l'ont été par Carpzove. Là appartiennent encore les décisions diverses des facultés académiques de Tubinge, d'Ingolstadt, d'Altorph, de Marpurg et les opinions des Jurisconsultes pris individuellement : *v. g.*, celles

(1) Jurisconsulte du 14e siècle, appelé *Fundamentalis* par Barthole.

(2) Jurisconsulte du 16e siècle, il a été surnommé par quelques auteurs le Papinien de l'Allemagne.

(3) Né à Stuttgard en 1514 et mort en 1588. V. sa vie dans Melchior Adam, *vitæ jurisconsultorum* etc.

de Paul de Castro (1) de M. Ant. Natta (2), de Klock, (3) de Wesembech jeune, de Mundius et d'une infinité d'autres. Mais nous rappellerons ici le jugement plein de vérité qu'a porté sur les travaux de ces Jurisconsultes Hug. Grotius, qui, dans la préface de son droit de la paix et de la guerre, a dit, que leurs solutions de questions étaient plus accommodées aux intérêts de ceux qui les consultaient qu'à la vraie nature du bien et du juste. Je ne m'arrête pas à parler d'une foule d'autres, qui ont travaillé sur toutes les parties du droit, comme Prosper Farinacio (4), Menochius, et les Jurisconsultes qui ont rapporté

(1) Paul de Castro du 14e siècle, fut élève de Balde. Il se distingua par son respect pour les textes.

(2) Jurisconsulte du 16e siècle, il a laissé : trois livres de conseils.

(3) Né en 1583 dans le comté de la Marck. Il fut chancelier à Stolberg.

(4) Farinacio, Jurisconsulte du 16e siècle. Il naquit à Padoue, et exerça à Rome la profession d'avocat. Il a laissé treize volumes de traités, de conseils, de décisions, etc.

les opinions des autres comme Villalobius, Vivius et tous ceux dont s'est servi Nic. Vigelius dans son abrégé du *Jus controversum*, ouvrage qui avec le *synt. Juris univ.* de Pierre Grégoire de Toulouse (1) mérite une attention plus particulière.

Ce qu'il y a de louable dans ces auteurs, c'est qu'ils conservent la mémoire des espèces nouvelles qui s'élèvent, et enrichissent la science du droit par une action continue; chose que ne font pas les auteurs de thèses et de commentaires, qui tournent sans cesse autour des mêmes questions. Aussi dans la pratique c'est avec parcimonie qu'on doit lire ceux-ci tandis que les autres doivent être parcourus avec soin. Mais je regrette, sous le rapport de la matière, que les Jurisconsultes que nous avons cités mêlent aux cas nouveaux, ceux qui ont été décidés, et ceux qui se résolvent par la seule position des principes.

(1) Professeur à Cahors au 16e siècle. L'ouvrage cité par Leibnitz est une vaste composition qui fait preuve du mérite le plus laborieux.

Pour ne pas être accablé sous le poids de répétitions continuelles, il conviendrait qu'on fît des suppléments aux auteurs qui ont consigné dans leurs ouvrages les espèces déjà agitées ; et si l'on avait quelque nouvelle raison en faveur d'une doctrine déjà consacrée, ou quelque nouvelle objection contr'elle, il faudrait en prévenir le lecteur par une simple note *ad hoc*, sans tout recopier encore pour mettre sans nécessité les imprimeurs en dépense de travail et les Jurisconsultes en frais d'argent. Sous le rapport de la forme, je désirerais plus de méthode, ou du moins une méthode plus naturelle. Dans ce genre d'ouvrage une question ne doit pas être traitée avec autant d'étendue qu'elle l'est dans les consultations, car les avocats qui donnent celles-ci, pour rendre leur travail plus important et plus précieux, insistent quelquefois autant sur les propositions qui se présentent fortuitement, que sur l'objet principal soumis à leur délibération ; d'où il arrive qu'ils prennent souvent beaucoup de peine pour démontrer un principe qui est à l'épreuve de la discussion, l'environnantd'un cortége d'autorités et de preuves sans nombre, tandis qu'ils laissent sans démonstration la question la plus controversée, n'ayant à lui fournir que quelques pauvres raisons dénuéés de toute solidité. Ces observations ne sont pas neuves, et Conr. Summehard (1), les avait déjà faites dans son livre *de Contractibus*, ainsi que Thoming, Doyen ordinaire de la faculté de Leipsick, dans son discoùrs *de Studio Juris*. Plut à Dieu que ceux qui les ont fait naître imitassent ces anciens Jurisconsultes qu'ils citent et reprennent tant de fois, lesquels souvent en très-peu de lignes offrent un tissu très-serré d'arguments. Je ne doute pas un seul instant que nos faiseurs actuels de consultations ne brodassent une dixaine de feuilles sur une réponse d'Ulpien et de Scévola qui remplit à

(1) Né en 1467 et mort en 1511, est plutôt connu comme théologien que comme Jurisconsulte. Voyez sa vie dans l'ouvrage de Melchior Adam, *Vitæ Theologorum*.

peine une seule page. Ant. Fabri, dans son code de Savoie, a fait voir à ses confrères comment on pouvait traiter une question avec force et briévété tout à la fois. Il existe une fort louable coutume imitée des anciens Jurisconsultes, coutume par laquelle les Facultés et les Echevins de la Saxe, et principalement les Facultés et les Echevins de Leipsick pour leurs décisions appeléés en Allemand *Informat Urtheil* (1) employent une logique très-puissante et très-serrée en même-temps, dans l'exposition des raisons pour et contre.

Là se rattachent divers traités sur diverses matières et parmi eux, les uns sur le droit : comme celui *de Fidei-commissis*, par M. Ant. Peregrin (2), celui *de Mutuo*, par Salma-

(1) Nous pensons que Leibnitz veut parler ici des décisions qui intervenaient de la part des universités ou des Cours supérieures, connues sous le nom de Siéges d'Échevins (Schoppen Stuhle), auxquelles les tribunaux inférieurs renvoyaient le jugement des affaires qu'il était au-dessus de leurs forces de décider.

(2) Né à Vicence en 1530, enseigna à Padoue, et mourut en 1616.

sius, celui *de Pignoribus*, par Negusantius, celui *de Pactis*, par Alex. d'Exea, celui *de Matrimonio*, par Th. Sanchez; les autres sur les termes du fait appliqués au droit, comme ceux *de Mutis* et *de Surdis*, par Michalorius, *de Fœminis*, par Carpzove, *de Molendinis*, par Hering, etc. Quelquefois, parmi eux on ne trouve pas un titre traité en entier, mais seulement des extraits de diverses matières appartenant tant au fait qu'au droit, tels que ceux *de Geminatione*, par Corsetus, *de Retroactione*, par Jn. Baptiste Cotta, sans parler d'une foule de thèses de ce genre, telles que celles qui ont été recueillies dans les *Tomi disputationum Basileensium*. Presque tous les anciens traités ont été rassemblés dans le *Tractatus Tractatuum*, vaste compilation qui a été plusieurs fois réimprimée; et à laquelle on vient d'ajouter un index complet et exact, qui comprend à lui seul tout un volume. Mais il y a dans cet ouvrage trop de répétitions, car les auteurs en entier et non leur substance y ont été insérés; et d'un autre côté on y trouve encore plusieurs Jurisconsultes, qui ont écrit sur la même matière et ne diffèrent la plupart du temps en rien les uns des autres. Je me souviens, en effet, d'y avoir vu deux traités, le premier de Paridis de Puteo et le second d'un auteur dont le nom m'échappe, et qui n'étaient qu'une copie l'un de l'autre, mot pour mot. Ainsi ce livre pêche tantôt par trop de richesse, tantôt par une excessive indigence. C'est pourquoi on en a imposé à Drexelius, quand on a voulu lui persuader, comme il le raconte dans son *Auri fodina*, que le *Traité des Traités* devait rester comme un modèle. Si on en faisait une édition nouvelle qui fut corrigée, il serait nécessaire d'y recueillir en un seul corps ce que divers ont écrit sur la même matière, et d'y ajouter un extrait substantiel des traités publiés sur différents sujets et surtout de ceux qui l'ont été dans ce siècle. Cela aurait pu jadis se faire très-facilement quand fut fait l'index avec les sommaires du *Traité des Traités*, et maintenant encore ils peuvent être très-utiles pour ce nouveau travail. Il y a des Traités des Traités spéciaux : *v.g.*, celui *de Pactis*, publié en un volume, celui *de Testamentis*, etc. A ce genre d'ouvrage répondent chez les Théologiens les *Biblia critica Anglicana*, dans lesquelles a été fait un choix de divers écrits de théologie sur des passages de l'Ecriture. Il est aussi une autre compilation juridique, qui ne diffère pas beaucoup du Traité des Traités, et qu'on appelle : *Repetentes, les Répétants*. Les Anglais, à ce que j'apprends, essayent d'une composition semblable dans la philosophie de la nature; sous le titre de *Bibliothèque philosophique*, ils classent ensemble des théories et des expériences de philosophie, de mathématiques, de mécanique et de physique. Mais pour en revenir aux traités juridiques, les *Pandectes* dont nous allons parler, une fois rédigées, nous pourrons facilement nous passer de ce genre d'ouvrage, surtout quand nous voyons que la plupart du temps une faible partie du livre appartient à la matière qu'il a pour objet de traiter. Qu'on ouvre le traité en grec de Th. Sagittaire, *de Comitibus Palatinis*, et je serai bien étonné si l'on trouve que la dixième partie appartient au sujet que l'auteur a choisi.

Nous avons dit comment a été faite la collection de controverses étendues : voyons maintenant comment elle doit l'être. Examinons soit les recueils préparatoires ou les répertoires, soit le traité complet de matières que nous appellerons les Pandectes.

On a fait des répertoires de diverses sortes. Nous commencerons par parler de ce qui existe, et puis nous exposerons nos idées sur un pareil sujet. Il y a un répertoire de Brederod (1) pour le droit civil, répertoire dont on peut se servir comme d'index des lois de Justinien ; et il nous semble étonnant qu'on ne fasse pas de nouvelles éditions de cet ouvrage, qui peut être très-utile pour la pratique quotidienne. Les opinions diverses des docteurs ont été recueillies dans le répertoire de Bertachin et les

(1) Jurisconsulte, né à la Haye dans le 16e. siècle.

Conclusiones du cardinal Tusco. Là appartiennent les lexiques tels que le *Thesaurus* de Speidelius, les *Loca communia* de Reiger, de Brunoni de Sole, avec les additions de Jacques Schultes. Là appartiennent encore les *Bibliothèques de droit*, telles que celle de Nevisan (1) et de Freymonius (2). Mais un bon ouvrage de ce genre est à faire, il faut l'avouer, car les essais des auteurs que nous avons nommés sont trop peu de chose pour avoir comblé la lacune. Quant aux bibliothèques de droit de Bolduan et de Draudius, (voyez les extraits qui en ont été insérés dans la bibliothèque classique) elles ont été composées d'après des catalogues, où se trouvent les titres de beaucoup d'écrits qui n'ont jamais vu le jour et ne le verront jamais. Ensuite,

(1) Né à Ast, et mort en 1540.

(2) Jurisconsulte du 16.e siècle. L'ouvrage dont parle Leibnitz, porte le titre suivant : *Elenchus omnium auctorum, qui in jure tam civili canonico, vel commentando, vel quibuscumque modis explicando ad nostram ætatem claruerunt, nomina et monumenta complectens.*

comme leurs auteurs n'avaient pas lu les ouvrages qu'ils citent, il est souvent arrivé que les désignations qu'ils en font, ne sont pas toujours très-exactes, parce que les livres ne tiennent pas toujours ce que promettent leurs titres. Comme d'un autre côté ils étaient fort ignorants en jurisprudence, s'il existait un livre qui put correspondre à une classification de leur bibliothèque, ils n'étaient pas à même de l'y rapporter, de là ils adoptaient le titre placé sur le dos du volume, conduite fort prudente, mais fort sotte, parce qu'il n'est rien de moins exact et de plus exagéré la plupart du temps, que le nom qu'on donne à l'œuvre de sa composition. Il serait donc à souhaiter que la bibliothèque classique de Draudius, ne fut pas seulement continuée, car elle ne va que jusqu'en 1625, mais encore corrigée. Meisner, Recteur de Torgau, a essayé de la continuer, mais je ne crois pas qu'il se soit occupé de la perfectionner. Sa mort a laissé l'œuvre interrompue. Jac. Godefroy avait promis une bibliothèque pratique, qu'il devait insérer dans son Manuel; mais il n'a pas rempli sa promesse. Il me semble bien étonnant, en vérité, qu'aucun Jurisconsulte n'ait fait ce que parmi les médecins, Jn. Ant. Van-der Linden et parmi les théologiens, Gis. Voet ont effectué. Paul Busius, dans la préface de son commentaire sur les Pandectes, avait également promis de publier un tel ouvrage, mais il n'a pas fait autre chose que le promettre. Cependant, on trouve quelque chose d'analogue dans la Biographie des Jurisconsultes Allemands, dont Melchior Adam est l'auteur. Ici finit ce que nous avions à dire sur les Bibliothèques de droit. Les *sièges de matières* (sedes materiarum) ont du rapport avec elles : car les Jurisconsultes du moyen-âge avaient coutume de traiter pleinement et avec *solennel apparat*, les matières appartenant au droit positif ; il est donc nécessaire d'avoir un index, afin de s'épargner des recherches fatigantes. Un index de ce genre a été inséré dans les Institutes de Jules Crispin, mais il est beaucoup trop court ; un autre, par ordre alphabétique, mais plus substantiel, l'a été dans les *Manipuli* de Woldenberg. Les *lieux classiques* des Théologiens ne sont pas autre chose que nos *sièges de matières*.

Nous avons signalé les travaux des autres. Exposons maintenant notre opinion sur la manière dont doivent être rédigés les *lieux communs du droit*. Nous avons à examiner en eux la *cause efficiente*, *le mode de causation*, *la matière*, *la forme*, *le but* ou l'usage ou plutôt l'effet. Il y a quelques bonnes réflexions de Barthélemy Keckerman (1), surtout en ce qui touche la politique, dans ce qu'il a écrit sur les lieux communs. *La cause*. Les lieux communs doivent être rédigés par une société formée de plusieurs collaborateurs, car ils ne peuvent être l'ouvrage d'une seule personne. Ainsi donc, de même qu'en Italie se réunissent pour un travail commun les académies,

(1) Né en 1621 et mort en 1674, il enseigna à Rostock. On peut voir la liste de ses ouvrages dans le *Theatrum virorum eruditione clarorum*, de Paul Frecher.

ou colléges d'érudits, sur lesquelles voyez Sachsius, dans la préface de son *Ampelographia*, et Besold dans sa dissertation de *Universitatibus*, *corporibus*, *academiis*; en France l'illustre compagnie de *l'Esprit*, en Angleterre le *Collége des médecins* de Londres, et cette célèbre société dont font partie les premiers et les plus savants hommes de tout le royaume et dont un des membre le R. Hook, a dernièrement publié la *Micrographia* ou *des choses non visibles à l'œil nu et qui ne peuvent l'être qu'au microscope*; en Allemagne le *Collége des médecins curieux de la nature*, il conviendrait que les Jurisconsultes Allemands, et principalement ceux qui ont du loisir dans les académies, missent leurs efforts en commun pour une œuvre aussi importante que l'est un index universel de droit. On croira difficilement tout ce qu'il faut d'études et de soins combinés pour cela. L'exécution d'un ouvrage de cette nature serait peut être plus facile pour des catholiques romains, que pour des réformés, car on a vu, parmi eux, paraître d'immenses compositions auxquelles ont travaillé des monastères entiers. Doring, qui dans l'essor d'un zèle plus louable que l'œuvre qui en a été le résultat, a fait une bibliothèque de droit universelle, a employé les secours de plusieurs plumes, mais encore il n'a pas dépassé la lettre A de sa division alphabétique.

Le mode de causation est la manière dont sera réparti le travail parmi les divers collaborateurs. Quelques-uns ont prétendu que les matières devaient être partagées entr'eux de telle sorte que l'un eut la tutelle et la curatelle, l'autre les successions *ab intestat*, le troisième les substitutions, etc. etc. Ce fut jadis l'usage en Italie de procéder ainsi, de telle sorte, qu'il arrivait souvent qu'un docteur excellait dans une partie du droit, tandis que dans les autres il était fort ignorant. Aussi, on raconte qu'un professeur très-versé dans les détails de la matière des substitutions, hésitait sur tout autre. Les personnes qui soutiennent l'excellence de ce système, voudraient donc que les professeurs se chargeassent l'un des successions, l'autre des donations, celui-ci du droit criminel, celui-là des fiefs, un cinquième de la procédure, un sixième enfin, des Institutes ou du synopsis de toutes les parties du droit. Je ne blame pas cette méthode qui est fort convenable pour l'enseignement, et dont on use dans les facultés de médecine; mais en ce qui touche le recueil *des lieux communs de droit*, je crois que ce qui doit la faire rejetter, c'est qu'avec elle il faudrait que chaque collaborateur parcourut tous les livres de droit. Il me paraît donc que le travail doit être partagé par ordre de livres et non de matières, de manière que l'un ait à dépouiller les anciens auteurs, Barthole, Jason, Alexandre, l'autre les modernes, le troisième les théoriciens, le quatrième les praticiens, le cinquième les Jurisconsultes Italiens, le sixième les Jurisconsultes Allemands, le septième les conseils, le huitième les arrêts, les traités, les commentaires. Qu'on lise à ce sujet les sages avis de Jan. Cecilius Frey, dans son livre *de Viâ ad scientias et artes*.

La *Matière* ou l'objet n'est autre chose que les auteurs et les extraits qu'on fait de leurs écrits. Que parmi les auteurs on fasse choix de ceux qui ont coutume de citer les autres, et de remplir de citations les pages de leurs ouvrages. Qu'on transcrive ces citations, ou du-moins qu'on renvoie à la source où elles ont été puisées. Qu'on passe ensuite aux Jurisconsultes qui ont composé des *Miscellanées : v. g.*, les *Observationes* de Cujas, de Salmasius sur le droit Romain et Attique, les *Questiones illustres* d'Hottman, les *Emendationes* d'Ant. Augustin, etc. Que de-là on arrive aux faiseurs de traités, et que quant à eux, on note seulement sous chaque titre de la matière dont il s'agit, le nom de l'auteur qui a écrit sur elle. Du reste que rien de ce qui appartient à cette matière ne soit extrait, si ce n'est les passages étrangers dont elle pourrait être entremêlée. De même qu'on n'extraie des commentateurs aucun passage, si ce n'est les annotations qu'ils auraient faites à tort sur le texte, et qu'il est bon de connaître. Que pour ce qui comprend les lois *numérotées* dont il a été question ci-dessus, on note le nom de l'auteur qui a spécialement écrit sur le texte, et qu'on place en tête du livre le nom de celui qui a écrit sur le livre en entier.

La *forme*, qui est la manière dont doivent être faits les extraits, demande qu'on lise d'abord l'index ou le sommaire de l'ouvrage; et s'il est exact, qu'on l'extraie lui-même. On peut lire ensuite rapidement l'auteur en entier. Il n'est pas besoin de noter les livres et les chapitres (ce serait beaucoup trop), mais seulement les pages, pourvu qu'on prévienne le lecteur de l'édition dont on s'est servi. On doit apporter beaucoup de soin à désigner les titres selon lesquels doivent être rangées ces matières; mais on le fera d'après les éléments où se trouve renfermé tout ce qui peut concerner un tel sujet. On pourra lire Ber. Lavinheta, qui a fait un assez bon recueil des termes de droit, dans son *Comm. ad magnam artem Lullii.* Afin qu'il ne soit pas besoin de faire de nouvelles désignations de titres, il est très-utile de séparer le dictionnaire de la lettre pure, et de placer les annotations à côté du mot. Ainsi toutes les fois qu'un auteur traite d'une matière en entier, que l'annotation ait lieu à côté du mot : *v. g.*, de la propriété ; s'il s'agit au contraire d'un sous-titre, qu'elle soit placée à côté du mot : *v. g.* des modes ou des causes d'acquérir la propriété, ou enfin d'une question particulière dependante d'un sous-titre à côté du mot : *v. g.*, si la donation est un mode d'acquérir la propriété. Comme en pareil cas l'annotation doit être faite en deux endroits : *v. g.*, d'abord au mot cause de la propriété, et puis au mot effet de la donation, il faut qu'un renvoi ait lieu de l'un à l'autre, afin d'éviter un double emploi. Enfin, il faut ajouter à la question, le le signe A. N. ou D., pour savoir si l'auteur affirme, nie ou doute, de même un autre signe pour exprimer s'il traite la question avec étendue, exactitude, ce que Drexelius recommande dans son *Auri-Fodina*.

L'usage, la fin ou l'effet des lieux communs,

le voici. Dès que chacun de nos collaborateurs aura fini sa tâche, qu'ils entreprennent une collection générale, mais de façon à ce qu'il y ait à cette nouvelle œuvre autant de livres que de personnes qui doivent concourir à la composition future des *Pandectes* et de divisions méthodiques qu'auront celles-ci ; car, comme les Pandectes doivent se faire selon la distribution des matières, que l'un doit avoir les legs, l'autre les codicilles, etc., de même on rassemblera, en un seul corps, ce qui se rattache à chacune de ces divisions, de manière à ce que chaque collaborateur ait sa quote-part de travail, pour extraire des auteurs la substance qui devra se rapporter dans les Pandectes.

Le traité complet de toutes les matières du droit, ou les Pandectes, doit être rédigé d'après les *Lieux communs*, comme je l'ai déjà dit dans le même ordre que les Eléments, les Institutes et le Bréviaire. Qu'on y place, autant que cela pourra se faire, les propositions universelles, les controverses et cas seulement douteux. Qu'on ne néglige pas d'y ajouter les raisons démonstratives puisées dans les Eléments, et quand il se présente une objection difficile, qu'elle soit résolue, tandis que les objections de peu d'importance ne seront pas relevées. Si une espèce a été déjà décidée, il est inutile de citer un autre auteur qui l'ait décidée, à moins qu'il n'apporte quelque excellente raison à l'appui de la décision, ou qu'il n'en ait fait une puissante réfutation. Que sur chaque question, on note quel est le premier qui l'a fait naître, ou qui l'a résolue; quel est celui qui a suscité de nouvelles objections ou les a réfutées; et que les citations soient faites en marge. Ce ne sera pas sans quelque avantage que l'on réunira, dans un seul corps d'ouvrage, les Eléments, les Institutes, le Bréviaire et les Pandectes; mais il faudra qu'ils soient imprimés avec des caractères différents. Les Pandectes achevées, nous aurons atteint le faîte de la Jurisprudence, et nous aurons réduit au silence les copistes et compilateurs de traités, parce que l'index de ces Pandectes tiendra lieu de leurs ouvrages. Ceux-là seulement se hasarderont à écrire quelque chose sur le droit, qui observeront quelque nouveau cas douteux. Ce qui est du ressort de l'Exégèse et de l'histoire juridique, n'est pas, à proprement parler, du domaine de la Jurisprudence; nous n'en insérerons donc rien dans nos Pandectes. Quiconque, après la rédaction définitive de celles-ci, écrira sur le droit, ne reviendra pas sur les points qu'elles renferment, mais publiera seulement, comme pour leur servir de supplément, les observations nouvelles que lui aura suggérées la pratique quotidienne. Ceux qui ignorent ce que peuvent l'activité et l'ordre, se moqueront des règles que nous avons exposées sur les Répertoires et les Pandectes. Mais je suis sûr que trente personnes pourraient achever en trois ans un pareil ouvrage, quelque vaste qu'il soit. Que, suivant les conseils qu'a donnés Janus Cécilius Frey, dans un autre but il est vrai, on commence par les plus anciens auteurs dans l'ordre des temps, afin que le premier inventeur puisse toujours passer pour tel dans la postérité la plus reculée. Mais si l'on ne se hâte bien vîte, je crains que chaque jour apportant une nouvelle moisson de faits, la Jurisprudence ne soit tellement surchargée et étouffée sous une masse inutile de livres, qu'un travail maintenant facile devienne très-difficile et finisse par l'emporter sur les forces de l'homme le plus laborieux.

FIN.

CATALOGUE

Des désiderata *la Jurisprudence*

1. Partitions du Droit.
2. Esquisse du Droit, rédigé en art.
3. Nouveau corps de Droit.
4. Eléments de Droit.
5. Réforme des Brocards.
6. Abrégé de Mascardi et de Menochius, sur les preuves et présomptions.
7. Théâtre légal.
8. Histoire des variations du Droit.
9. Histoire de l'hérésie.
10. Philologie du Droit.
11. Philosophie du Droit.
12. Concordances juridiques.
13. Formules, Tropes, Adages du Droit.
14. Arithmétique du droit.
15. Antinomique mineur.
16. Institutes de tout le Droit.
17. Institutes de Droit Impérial.
18. Institutes de Droit Saxon.
19. Somme des titres.
20. Lois numérotées.

22

21. Version Allemande des lois.
22. Herméneutique.
23. Eléments de Droit naturel.
24. Science Nomothétique.
25. Bréviaire des Controverses.
26. Réforme du Traité des Traités.
27. Bibliothèque de Droit.
28. Lieux classiques, ou Sièges de matières.
29. Biographie des Jurisconsultes.
30. Répertoire de droit.
31. Pandectes de Droit nouveau.

NOTE PREMIÈRE.

Les considérations philosophiques dont Leibnitz a déduit sa théorie de classification légale, pouvant présenter quelques passages qui pourraient faire taxer notre traduction d'infidélité, nous donnons ici le texte de tout ce morceau.

Jurisprudentia est scientia actionum, quatenus justæ vel injustæ dicuntur. *Justum* autem atque *injustum* est, quicquid publicè utile vel damnosum est. *Publicè*, id est, primùm mundo, seu rectori ejus Deo, deinde generi humano, denique républicæ : Hac subordinatione, ut in casu pugnantiæ, voluntas, seu utilitas Dei, si ita loqui licet, præferatur utilitati generis humani, et hæc utilitati reipublicæ, et hæc propriæ. Hinc Jurisprudentia *divina, humana, civilis.* De propria autem utilitate dicere, non *Jurisprudentiæ*, sed *Politicæ* est.

§. 15. *Moralitas* autem, seu justitia, vel injustitia actionis oritur, ex qualitate personæ agentis in ordine ad actionem, ex actionibus præcedentibus *orta*, quæ dicitur : *Qualitas moralis.* Ut autem qualitas realis in ordine ad actionem duplex est : potentia agendi, et necessitas agendi; ita potentia moralis dicitur *Jus*, necessitas moralis dicitur *Obligatio.*

§. 16. *Subjectum qualitatis moralis* est *Persona* et *Res. Persona* est substantia rationalis, eaque vel *naturalis* vel *civilis. Naturalis* Deus, angelus, homo. Sed Deus est subjectum juris summi in omnia, nullius verò obligationis. Persona *civilis* est *Collegium*, quod quia habet unam voluntatem certo signo digno dignoscibilem, v. g. ex pluralitate votorum, sorte, etc., ideo obligare et obligari potest. *Res* quoque subjectum juris est et obligationis, v. g. si officio aliquid legetur, jus erit apud omnes successores; si quis in officio existens, qua talis est alicui damnum det, ipsum officium tenebitur, transibitque in successores obligatio. Ita si equo aliquid legetur, v. g. phaleræ, dubitandum non est, ad dominum equi, alienato equo, rem transire: idem de servo juris est, qui ipse non pro personna habendus, sed re. In omni verò jure reali res est subjectum obligationis. Porrò ad subjectum pertinet tota *Successionum* materia. Quia successio est motus juris vel obligationis de subjecto in subjectum. Tractandum et hìc de iis, quæ pluribus *communia* sunt.

§. 17. *Objectum juris et obligationis* est *corpus* subjecti, *res*, *persona* tertii. Jus *in corpus* meum, tamquam subjecti, dicitur *Libertas*. Jus *in rem* dicitur *Facultas*, et habet species: Dominium directum in rei materiam; utile; seu jus utendi fruendi in formam; jus servitutis in partes formæ seu qualitates; jus detinendi, usucapiendi conditionem; et alia jura realia. Jus *in personam* dicitur *Potestas*, et multis modis variàt, interdam vitæ et necis, interdum castigationis, interdum increpationis, etc. *Obligatio* est, ne alterius libertas, facultas, potestasque impediatur: Quæ impeditio dicitur *Injuria*. Et obligatio, ne potestas alterius in me impediatur, est positiva, qua teneor aliquid facere vel pati, et dicitur κατ' ἐξοχὴν obligatio. Cæteræ obligationes, ne alterius libertatem impediam, vel arripiam rem, sunt magis privativæ. Objectum porrò juris mei est, quicquid mea interest, idque vel ipsummet, vel æquipollens seu æstimatio : Quo pertinent pretia rerum.

§. 18. *Causa Qualitatis Moralis* est *Natura* et *Actio. Natura* est causa libertatis et facultatis et correspondentis in alio obligationis de non impediendo. *Actio* est causa potestatis in persona agente, ad aliquid faciendum, vel in seipsa, aut rebus suis patiendum; estque vel *possessio,* vel *injuria,* vel *conventio. Possessio* tribuit *jus reale* primum in corpus meum, quia hoc ante omnia possideo; hinc *libertas :* deinde in res alias, quæ sunt nullius; hinc *facultas.* Unde mihi jus oritur, rem meam, ubi invenio, vindicandi : Et alteri obligatio, hoc non impediendi. *Injuria* in statu mere naturali dat læso jus libertatis, facultatis potestatisque omnimodæ, seu jus belli in lædentem societatis ruptorem. Sed in rebuspublicis, imo et æquitate duce, ita restricta est hæc licentia, ut æstimatione debeat esse contentus, reservata reipublicæ pœna, si damnum consulto datum est. *Injuria* igitur fos est delictorum et quasi delictorum. *Conventio* verò promissiones acceptationesque omnes in se continet, quo pertinet doctrina *de verborum interpretatione, conditionibus,* etc. Quasi contractus verò ad jus reale pertinent. Multa verò, quæ ex his naturæ fontibus non videntur descendere, sed ex lege, illa omnia eo ipso ex eorum uno, nempe ex conventione descendunt, quia populus in legislatorem compromisit.

§. 19. Quare et omnes obligationes publicorum judiciorum, sive ad pœnam corporalem sive pecuniariam tendant, pertinent ad pactorum fontem : promisit enim quilibet subditus reipublicæ, se decreta ejus vel universalia, ut leges: vel singularia, ut sententias, rata habiturum. Decrevit autem lex, ut, qui hoc faciat, illud persolvat. Ex ipso igitur pacto promissæ fidelitatis tenetur. Ita patet, ad hunc locum reduci *die Policey Ordnungen*, ordinationes nempe politicas, quibus vita, conversatio, sumtus vestium, conviviorum, omnes denique subditorum actiones formantur: Nec minus *criminalia*, quæ circa majora, pacem nempe publicam, securitatem civium, honoremque Dei, et magistratus occupantur. Ex eodem pactorum fonte est *jus publicum*, et ipse denique processus tam civilis quàm criminalis. Cujus finis est executio, quæ est realisatio qualitatum moralium, seu ut, qui habet potestatem vel necessitatem moralem, habeat et naturalem.

§. 20. Ita igitur *universi juris*, summa capita deduximus. Nam modi acquirendi juris sunt: 1) *Natura*, libertatis nempe et facultatis in res nullius agendi, §. 18. 2) *Successio* §. 16 quæ non producit novum jus, sed vetus transfert. Succedunt autem ab intestato mero jure soli descendentes, in sterpes, sed ita in ea tantum bona, quæ parentis erant, cùm nacerentur, quia anima eorum per traducem ex anima parentis orta est: cæterorum successio ab intestato pertinet ad fontem pactorum, quia ex lege descendit. Testamenta verò mea jure nullius essent momenti, nisi anima esset immortalis. Sed quia mortui revera adhuc vivunt, ideo manent domini rerum, quos veró hæredes reliquerunt, concipiendi sunt ut procuratores in rem suam 3). Tertius aquirendi juris modus est *Possessio* rei nullius, animo imposterum quoque possidendi. Ex quo jus imposterum quoque possidendi tractandique oritur, quod est reale 4). *Conventio*, velut traditio incorporalis, per signa rei æquipollentia, seu verba; quo pertinet, quicquid ex jure civili seu lege descendit, ut criminalia et processus. Potest tamen conventio reduci non solum ad possessionem, sed et ad injuriam; quia fallere, est damnum animo dare 5). *Injuria*, velut ruptio societatis humanæ in statu merè naturali omne jus mutuò tollens, imò alteri in alterum resque ejus jus absolutum tribuens, quod tamen in republica legibus est restrictum.

§. 21. Causæ autem juris in uno, sunt modi amittendi juris in alio, seu aquirendæ obligationis. Modi autem amittendæ obligationis, sunt causæ recuperandi juris, seu liberationis. Qualis est 1) mors sine hæredibus; 2) solutio, quo reducitur compensatio; et 3) conventio, quo iterum reducitur lex. Ita igitur arbitror, summa juris capita ex meri juris evidentissimis principiis a me satis digesta esse. Neque enim alia juris obligationisque causa aut contrarium seu destructivum reperiri potest, quod in his non contineatur. Specialius rem deducere, peculiari operæ debetur. Hæc autem, quæ de methodo disponendi juris diximus, meritò hoc loco præmitenda erant, quia non solùm Jurisprudentia didactica, sed et polemica, accurata hac methodo disponi debet.

NOTE DEUXIÈME, Page 39.

Barbosa, portugais de naissance, vécut dans le 17me siècle. De nombreux ouvrages de droit sont sortis de sa plume. Celui dont parle Leibnitz, se trouve dans la collection de ses œuvres imprimées à Lyon, et fait partie d'un volume in-folio, qui renferme cinq traités, dont celui *de Axiomatibus* n'est pas le plus long. On trouve dans celui-ci, une exposition des règles de droit appuyées de citations puisées tant dans les lois, que dans les écrits des commentateurs.

Il a été également composé par Diaz, un in-folio sur les règles de droit, sous ce titre : *Regulæ juris cum ampliationibus et restrictionibus.*

NOTE TROISIÈME, Pages 42 et 43.

Mascardi est l'auteur du traité *de Probationibus*; et Menochius de celui de *Præsumptionibus*; mais ces deux ouvrages, quoique séparés, n'en font qu'un, pour ainsi dire, par leur destination et même par leur forme; de là viennent les termes dont s'est servi Leibnitz, termes d'où l'on pourrait induire que ces deux traités ne forment qu'un seul corps d'ouvrage, et ont dû le jour à la collaboration des deux Jurisconsultes.

ERRATA

PAGE IX, lig. 12, introduction; *lisez*: introduction historique.

Pag. 10, lig. 8, *retranchez le mot* premier.

Pag. 3, lig. 15, divinité; une virgule au lieu de deux points.

Pag. 5, lig. 12, Duchesne; *lisez*: Ducange.

Pag. 5, lig. 14, rendu; *lisez*: rendue.

Pag. 5-6, lig. 24-15, les forbanitus répondaient; *lisez*: le forbanitus répondait.

Pag. 8, lig. 14, leur Elementa; *lisez*: leurs Elementa.

Pag. 14, lig. 11, toute autre; *lisez*: tout autre.

Pag. 16, lig. 13, v. en g. les; *lisez*: v. g. en.

Pag. 28, lig. 8, auxquels sont soumis; *lisez*: auxquels sont soumises.

Pag. 31, lig. 10-11, doivent être disposées; *lisez*: doit-être disposée.

Pag. 34, lig. 7-8, philosophique; *lisez*: philosophiques.

Pag. 38, lig. 9, après s'être efforcé; *lisez*: après s'être efforcés.

Pag. id. lig. 17, tenentis amici; *lisez*: teneatis amici.

Pag. 39, lig. 21, Barbosa et de Diaz, qui en ont recueilli deux gros volumes in-folio; *lisez*: de Barbosa et de Diaz; sans nous occuper de ceux qui en ont recueilli de gros volumes in-folio.

Pag. 45, lig. 19, Lucinius; *lisez*: Licinius.
Pag. 46. lig. 2, Lindebrog; *lisez*: Lindenbrog.
Pag. id. lig. 4, Landrigth; *lisez*: Landrecht.
Pag. 49, lig. 8, modernes; retranchez le point.
Pag. id. lig. 18, par son; *lisez*: pour son.
Pag. 50, lig. 4, ont répondu à cette réunion; *lisez*: ont répandu à cette occasion.
Pag. 51, lig. 4, Josephe Martial; *lisez*: Josephe, Martial.
Pag. id. lig. 24, § 302 et 78; *lisez*: pages 302 et 78.
Pag. 52, lig. 9, Sidoine; retranchez la virgule.
Pag. 53, lig. 12, Dis: *lisez*: Dei.
Pag. id., lig. 9, de *instructione*; *lisez*: *de instructione.*
Pag. 59, lig. 9, son de Origine; *lisez*: son livre de Origine.
Pag. id., lig. 20, 21, 22, 23, 24 et 25. Rectifiez ainsi le titre de l'ouvrage indiqué dans la note : Monarchia S. Romani Imperii sive tractatus de Juridictione Imperiali seu Regia et Pontificiâ seu Sacerdotali, deque Imperatoris sive Regis ac Papæ, cum distinctione utriusque regiminis politici et Ecclesiastici.
Pag. 62, lig. 8-9, au lieu de Olans le grand *lisez*: Olaüs Magnus
Pag. 62, lig. 18, Emmires; *lisez*: Emmius.
Pag. id., lig. 23, Helmolom; *lisez* Helmoldus.
Pag. 64, lig. 9, Ausbourg; *lisez*: Augsbourg:
Pag. 94, lig. 21, des titres; *lisez*: du titre.
Pag. 80, lig. 7, § 9, *lisez*: § 29. Nous profiterons de cette occasion, pour dire que ces numéros correspondent aux paragraphes du texte, mais non à nos alinéas.
Pag. 87, lig. 15, aliénation; *lisez*: conciliations.
Pag. 103, lig. 18, Louvain; *lisez*: à Louvain.
Pag. 104, lig. 16, qu'ils en ont publiée; *lisez*: qu'ils en ont chacun publiée.

Pag. 111, lig. 6, au lieu de lectures, *lisez :* leçons.
Pag. 112, lig. 2, qu'il a opposé; *lisez* : qu'il a opposée.
Pag. 113, lig. 2, le miroir etc., etc ; *lisez :* les miroirs.
Pag. 114, lig. 6, qui a été imprimé ; *lisez* : qui a été imprimée.
Pag, 133, lig. 17, et toute demande en justice ; *lisez* : ou toute demande en justice.
Pag. 138, lig. 12, à exposer que l'exégèse ; *lisez :* à exposer que dans l'exégèse.
Pag. 141, lig. 18, sur les preuves de l'innocence; *lisez :* sur les preuves d'innocence.
Pag. 145, lig. 2, Kloik ; *lisez :* Klock.
Pag. 148, lig. 8, Summehard ; *lisez :* Summenhard.
Pag. 152, lig. 13, la nature, *point et virgule.*
Pag. id., lig. 13-14, Philosophique, *virgule.*
Pag. 154, lig. 11, (voyez les extraits qui en ont été insérés dans la bibliothèque classique) ; *lisez:* (voyez, pour celle de ce dernier, les extraits de titres d'ouvrages, qui ont été insérés dans sa bibliothèque classique).
Pag. id., lig. 21, tam civili Canonico ; *lisez* : tam civili quam Canonico.
Pag. 156, lig. 23, Paul Frecher ; *lisez :* Paul Freher.
Pag. 158, lig. id., ad scientia ; *lisez* : ad scientias.
Pag. 167, lig. 2, désiderata la Jurisprudence ; *lisez :* des désiderata de la Jurisprudence.

Les autres fautes se corrigeront facilement à la lecture, et surtout celles de ponctuation, qui sont assez sensibles pour être rectifiées ainsi.

www.ingramcontent.com/pod-product-compliance
Ingram Content Group UK Ltd.
Pitfield, Milton Keynes, MK11 3LW, UK
UKHW022058260726
13993UKWH00001B/189

9 782329 338323